우리 학교와 아이들을
어떻게 살릴 것인가

전국 17명 교육감들과 나눈

교육
대담

전국 17명 교육감들과 나눈

교육
대담

초판 1쇄 인쇄 2016년 10월 10일
초판 1쇄 발행 2016년 10월 26일

대담·기록 최창의
펴낸이 김승희
펴낸곳 도서출판 살림터

기획 정광일
편집 조현주
북디자인 꼬리별

인쇄·제본 (주)현문
종이 월드페이퍼(주)

주소 서울시 영등포구 양평로21가길 19 선유도 우림라이온스밸리 1차 B동 512호
전화 02-3141-6553
팩스 02-3141-6555
출판등록 2008년 3월 18일 제313-1990-12호
이메일 gwang80@hanmail.net
블로그 http://blog.naver.com/dkffk1020

ISBN 979-11-5930-025-7 03370

우리 학교와 아이들을
어떻게 살릴 것인가

전국 17명 교육감들과 나눈

교육
대담

최창의 대담·기록

교육 혁신의 현장을
직접 눈으로 보고 귀로 듣고 싶어

　4년마다 한 번씩 치러지는 지방자치선거의 지난번 선거일은 2014년 6월 4일이었습니다. 그날 지방자치단체장, 지방의원과 함께 전국 시도 교육감 선거도 치러졌습니다. 선거 결과 애초 예상과 달리, 교육의 변화와 혁신적인 정책을 내세운 이른바 진보 교육감들이 대거 당선되었습니다. 전국 17명 시도 교육감 가운데 무려 13명의 진보 성향 교육감이 자리를 맡게 된 것입니다. 이를 두고 한 보수 언론은 1면 큰 제목으로 "여도 야도 아닌 전교조의 압승"이라고 과도한 표현까지 하면서 놀라움을 드러냈습니다.

　이 같은 선거 결과는 꽃 같은 아이들의 희생 속에서 교육 변화를 요구한 국민들의 엄중한 선택이었다는 것이 중론이었습니다. 투표일 달포 전쯤 일어난 4·16 세월호 참사에 따른 성난 민심이 기존 타성에 젖은 교육을 심판하고 새로운 교육을 열망한 것입니다. 이에 따라 새로 당선된 교육감들은 4·16 이전 교육에 대한 철저한 반성을 통해 혁신적인 교육을 펼쳐야 한다는 기대를 모으게 되었습니다.

저는 새로운 교육감들이 펼칠 교육 혁신의 역사적인 현장을 직접 찾아가 눈으로 보고 귀로 듣고 싶었습니다. 그래서 월간지 〈개똥이네 집〉과 함께 "최창의가 만난 전국 교육감"이라는 이름으로 전국 교육감들을 찾아다니기로 하였습니다. 2015년 3월, 광주광역시 장휘국 교육감을 첫 시작으로 달마다 17곳 시도 교육감을 차례로 만나 진솔하게 교육 이야기를 나누었습니다.

대담을 들어갈 때는 건조한 교육정책 이야기보다는 학창 시절 추억이나 살아가는 일상에서 화제를 끌어내 보려 했습니다. 그래서 초반에는 교육감들의 어린 시절이나 교육감이 되기 이전의 생활들을 물어 가다가 중반부를 넘어서면서는 교육과 직접 관련된 사업과 정책 중심으로 이야기를 나누었습니다. 각 시도 교육청마다 지역적 특성이 있고 교육감들의 공약이나 역점 사업이 달라서 질문 내용도 그때마다 달라졌습니다. 하지만 대체적인 내용은 교육정책 목표와 방향, 주요 특색 사업, 학교 혁신 방향, 교실 수업의 변화, 학생들의 학습과 생활, 교육복지, 교육 혁신 행정 들에 관해 주로 질의응답을 가졌습니다.

교육감들마다 교육 공약과 정책은 조금씩 달랐지만 대담 과정에서 공통적인 사항이 엿보였습니다. 정치적인 견해 차이가 있어도 교육정책에 관해서만큼은 하나같이 변화를 추구하고 개혁적인 입장을 갖고 있다는 것입니다. 특히 교육감들은 현재의 시험점수 따기, 대학입시 중심의 주입식 교육으로는 미래가 없다고 한목소리로 강조했습니다. 아이들이 앞으로 살아갈 미래를 위해 교육과정을 다시 짜고 수업을 바꾸는 데 역점을 두면서 학교가 변화의 출발이자 완성이라는 관점으로 교육 혁신을 추진하고 있었습니다. 또한 교실 수업을 학생 중심으로 바꾸기 위해 질문과 토론이 살아 있는 수업을 퍼뜨리는데 지원을 아끼지 않았습니다.

시도 교육청마다 뚜렷하게 남다른 교육정책과 특색 사업도 눈에 띄었습니다. 광주시는 교사들이 학생들의 인생 멘토가 되어 또 다른 부모님 역할을 해 주는 희망 교실을 운영하고, 강원도는 놀이헌장을 공포해 학교에서 일정한 놀이 시간을 확보해 주기도 했습니다. 세종시는 공립단설유치원을 31곳 세워 유아 공교육의 밑바탕을 마련하였고, 대구에서는 평생교육을 학부모 교육으로 대폭 바꿔 확대하였습니다. 제주는 소아과 전문의를 채용해 학생건강증진센터에서 근무하게 하는 것처럼 지역마다 특성화된 정책을 추진하여 교육 만족도를 높이려 애쓰고 있었습니다.

시도 교육청과 교육감들에게 거는 기대만큼이나 지방교육자치가 갖는 한계와 어려움도 알게 되었습니다. 무엇보다 아직까지도 교육부가 갖고 있는 막강한 권한과 충돌하는 문제였습니다. 교육부의 시책을 전국에 획일적으로 펼치려 들 때 생기는 불협화음과 부조화가 그것입니다. 학교폭력 학생부 기재, 누리과정 예산 떠넘기기, 한국사 교과서 국정화 들이 대표 사례입니다. 학생 교육에 직접 영향을 미치는 이러한 중요 사안과 예산에 대해 교육부가 과거 중앙집권 방식으로 지시하고 집행을 강요하는 상황에 대해 교육감들은 매우 곤혹스러워하고 불만스러워하였습니다. 따라서 교육의 자주성, 정치적 중립성을 지키기 위해서는 국가교육위원회 설치와 지방교육자치의 자율성 강화가 시급해 보였습니다.

교육감들을 직접 만나 이야기 나눈 시간은 보통 2시간 남짓이었지만 그 내용을 간추려서 핵심만 담아내는 방식으로 정리하였습니다. 대담을 나눈 내용은 달마다 〈개똥이네 집〉에 실어 전국의 교사와 학부모들이 볼 수 있게 하였습니다. 그렇게 지난 1년 반 동안 진행한 대담을 마무리하면서 그 내용을 한데 묶어 이번에 《교육 대담》이라는 책으로 펴내게 되었습니다. 이 책을 펼쳐 보면 전국 교육감들이 꿈꾸고 그려 가는 교육 철학과 정책을 한눈에 파악하고 그 특성과 장단점을 서로 견주어 볼 수 있을 것입니다. 아울러 교육감들이 가꿔 가는 교육 현장을 가깝게 살펴보면서 우리의 처음 기대가 어떻게 실현되고 있는지 점검할 수 있을 겁니다. 전국을 돌며 교육감들을 직접 만나 보니 교육감 자리가 얼마나 눈코 뜰 새 없이 바쁜가를 실감하였습니다. 그런 가운데도 시간을 내어 대담에 응해 준 17곳 시도 교육감님들에게 이 자리를 빌려 고개 숙여 감사드립니다. 그리고 저와 함께 긴 교육 대담 여정에 함께해 준 어린이문화연대 이주영 대표님, 〈개똥이네 집〉 편집부, 이 책을 펴낸 살림터 출판사에도 깊이 고마움을 전합니다.

2016년 10월 가을날
최창의

교육감들의 꿈, 우리 교육의 희망을 말하다

이재정_경기도 교육감 / 전국시도교육감협의회장

2014년 6월 지방선거가 끝났을 때 그 결과를 보고 많은 사람들은 놀라움을 넘어 경악하였습니다. 아무도 예상하지 못했던 일이 벌어졌기 때문이었습니다. 흔히 언론이 분류하는 바에 따르면 전국 17명의 교육감 가운데 진보 성향의 교육감이 모두 13명이나 당선된 것이었습니다. 국민은 완전히 새로운 선택을 한 것입니다. 사실 교육에는 정치적인 의미도 더 나아가 진보와 보수라는 틀에서 교육자를 편 가르는 것도 적절하지 않습니다. 국민들은 그 지역에서 그 시대에 가장 적합한 지역 교육의 책임자를 선택한 것이라고 보아야 옳습니다. 분명한 것은 4·16 세월호 참사 이후에 이루어진 선거에서 국민이 결정한 것은 4·16 이전과 4·16 이후의 교육은 달라야 한다는 결의가 엿보입니다. 그러므로 17명의 전국 교육감을 진보와 보수로 편 가르기보다 이분들이 함께 만들어 갈 '미래 교육'에 초점을 맞출 필요가 있습니다.

오늘 사람들은 이러한 선거 결과가 무엇을 가져올 것인가에 관심을 가지고 전국 17명의 교육감에 주목하게 되었습니다. 이 책은 바로 그 교육감들의 교육에 관한 꿈이 무엇이며 그 꿈을 이루어 갈 길과 방법이 무엇인가를 밝힌 이야기를 담고 있습니다. 이 이야기를 이끌어 주신 분은 일찍이 교사로서 도의회의 교육위원으로서 그리고 끊임없는 새로운 교육 운동을 벌여 오셨던 최창의 선생님이십니다. 1년 반이 넘는 긴 기간 동안에 일일이 교육감들을 직접 대담하면서 교육감들의 이야기를 이끌어 냈습니다.

사실 17개의 시도는 여러 면에서 서로 다릅니다. 전국 17명의 교육감들도 모두 그 살아온 배경과 경험들이 서로 다릅니다. 2014년 선거 과정에서 내걸었던 정책이나 공약도 다르고 교육감에 취임하고 부딪힐 수밖에 없었던 교육 현장도 사뭇 달랐습니다. 그런데 이 책에 수록한 모든 이야기를 관통하고 있고 서로 다른 현장이 줄기차게 요구하고 있는 것은 '변화'와 '혁신'이었습니다. 이미 그것은 2009년 교육감 간선제에서 주민직선제로 바뀌면서 '교육자치'를 통하여 혁신학교로 이어져 왔습니다.

혁신학교는 제도가 아닙니다. 혁신학교는 특정한 교육 체제가 아닙니다. 그래서 17개 시도의 교육감들이 시도하는 혁신학교나 혁신교육도 모두 다릅니다. 17개 시도가 운영하고 있는 혁신학교의 이름도 모습도 방법도 조금씩 다릅니다. 그 지역의 교육적 환경이나 문화를 바탕으로 발전하고 표현되었기 때문입니다. 다른 말로 한다면 어떤 성과와 결과를 중시하였던 과거와는 달리 오늘의 혁신교육은 학교문화, 수업문화, 학생문화를 변화시켜 교육의 본질에 접근하고 있는 것입니다. 그런데 돌이켜 보면 혁신교육이나 혁신학교는 이미 지난 수십 년간의 교육에서 사회적 변화를 통하여 역사를 성찰하면서 성장 발전하여 온 것입니다.

혁신교육의 한가운데는 학생을 사회적 인격체로 받아들이면서 교사와 학생이 만들어 가는 '교육공동체'의 정신이 활력을 얻었습니다. 여기에는 교사들의 교육에 대한 깊은 성찰과 함께 새로운 교육을 만들어 가려는 뜨거운 열정이 화산처럼 폭발하였습니다. 이것은 마침내 학생들을 변화시켰습니다. 학생들이 토론을 하면서 수업이 아연 활력을 얻게 되었습니다. 교실과 교과서를 접어 두고 현장으로 나가면서 새로운 세상에 눈뜨게 되었습니다. 지금까지 보지 못하던 것을 보게 되었고, 이제까지 경험하지 못했던 것을 느끼게 되었습니다. 단순히 수업을 듣고만 있던 학생들이 활력을 느끼면서 행복해지고, 조용하던 교실이 학생들의 적극적인 참여로 즐거움을 만들어 냈습니다.

'바로 이것이야, 이 변화가 희망이야.' 모두들 그렇게 느꼈지만 여기에 한계가 있었습니다. 제도의 변화가 따라 주지를 못했습니다. 교실과 학교를 모두 바꾸기에는 더 많은 시간이 필요하였습니다. 오랜 학교의 관행과 교육의 전통이 가로막았습니다. 그러나 우리는 전국 교육감들의 이야기를 경청하면서 보수와 진보를 넘어 거스를 수 없는 교육자치의 큰 흐름이 혁신교육에 있다는 사실에 공감할 것입니다. 저항이 클수록 오히려 혁신교육은 선택이 아니라 우리가 가야 할 필연적이며 필수적인 길이라는 사실을 깨닫게 됩니다. 우리의 혁신교육은 오늘의 교실에서 고민하는 교사들이 학생과 학부모와 함께 교감하면서 만들어 가는 그 현장의 교육이기 때문입니다. 여기에 대한민국 교육의 희망이 있습니다.

한편 교육감들은 이미 혁신교육이나 혁신학교 이후의 미래 교육과 미래 학교를 고민하고 있습니다. 물론 여기에는 여전히 교육감들을 압박하고 있는 누리과정 비용으로 야기된 교육재정의 문제, 지방에 따라 편차가 있지만 정치적인 갈등의 문제, 교육부나 국가로부터의 지나친 간섭과 통제 그리고 제도적인 한계 등이 미래를 생각하기에는 너무 무거운 장벽으로 남아 있습니다. 그러나 결코 미래를 위한 과제는 게을리할 수 없습니다. 그래서 우리는 지금 과거를 자꾸 돌이켜 보기보다 앞으로 열릴 미래를 상상하면서 교육의 틀과 내용과 방법을 새롭게 찾지 않으면 안 될 상황에 놓여 있습니다.

이 책은 이런 중대한 시기에 전국 교육감들이 서로 자신을 다른 거울로 비추어 볼 수 있는 계기가 될 것입니다. 이 책에서 학부모들은 스스로 미래 교육을 위하여 어디에 서 있어야 하는가, 어떤 행동을 하여야 할 것인가를 깨달을 수 있을 것입니다. 교사들도 주어진 조건이나 환경에 머무를 것이 아니라 끊임없이 새로운 대안을 찾아야 할 것입니다. 그리고 큰 틀에서 새로운 미래를 만들어 가는 창조적 교육이 필요합니다.

전국 17명의 교육감들은 이 시대에 대한민국의 새로운 교육을 만들어 가는 하나의 징검다리 역할을 할 것입니다. 그리고 어떤 가시적인 결실이나 성과를 만들려는 유혹에 빠지지 않고 과감하게 도전하고 변화할 때 대한민국의 희망이 만들어질 것입니다. 이 책을 읽는 분들이 교육감들과 동행하면서 그 희망의 길을 함께 걸어갈 때 그 길이 훨씬 가벼워질 것입니다.

| 차례 |

1장 행복한 학교 꿈을 찾아가는 교실

2장 배움이 즐겁고 아이들이 웃는 학교

3장 참된 인성을 키우는 미래 창의 교육

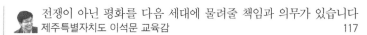
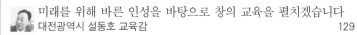
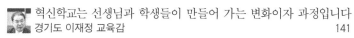
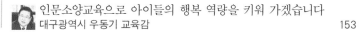
4장 독서 토론 교육으로 미래 핵심 역량을

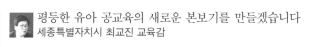

1장

행복한 학교
꿈을 찾아가는 교실

광주광역시 교육감

장휘국

▶ 2015. 1. 27.

새해가 시작되는 1월, 광주시교육청 장휘국 교육감과 이야기를 나누었습니다. 월간지 〈개똥이네 놀이터〉 자매지인 〈개똥이네 집〉에서 진행하는 "최창의가 만난 전국 교육감" 그 첫 번째입니다. 이렇게 한 달에 한 번씩 17곳 시도 교육감을 차례로 만나게 됩니다. 그때마다 교육감들의 교육에 대한 생각과 정책을 솔직하고 자세하게 들으려고 합니다. 이야기 나눈 내용은 달마다 〈개똥이네 집〉 첫머리 면에 싣게 됩니다.

오늘 장휘국 교육감과 2시간 넘게 교육 전반에 걸쳐 대담을 하였습니다. 특히 앞으로 4년 동안 어떻게 교육을 변화시킬 수 있을지를 중점으로 물었습니다. 광주시 교육은 '질문이 있는 교실'을 만들기 위해 '300교사 수업나눔 운동'을 통한 학습자 중심의 수업 혁신에 역점을 두겠다고 합니다. 그동안 추진한 사업 가운데는 교사들이 5명 전후의 부적응 학생들과 다양한 활동을 펼치는 '희망 교실'이 큰 반향을 일으키고 있다 합니다.

여러분이 교육감들을 만난다면 무엇을 물어보고 싶으신가요? 그 진솔한 질문과 대답들을 지금부터 들어 보도록 하겠습니다.

1950년생. 2010년 지방선거에서 강원도의 민병희 교육감과 함께 처음으로 평교사 출신 교육
감으로 선출되어 화제를 끌었다. 교육대학을 졸업하고 초등학교와 중·고등학교 사회 교사로 근
무하다가 1989년 전교조 결성 관련으로 해직되기도 하였다. 2002년부터 8년 동안 광주광역
시 교육위원으로도 활동하였으며 2014년 두 번째로 광주시 교육감에 당선되었다.

질문이 있는 교실,
행복한 학교를 만들고 싶어요

최창의 교육감 가운데 가장 먼저 장휘국 교육감님을 찾아왔습니다.

장휘국 네. 저를 가장 먼저 만나러 온 까닭을 정확히는 모르겠지만, 아무래도 〈개똥이네 집〉이 제가 추구하는 교육 철학과 비슷한 부분이 있기 때문이 아닐까요. 아이들이 시험 공부보다는 놀 시간이 많고 행복했으면 하는 생각은 같지 않을까 싶어요.

최 〈개똥이네 놀이터〉나 〈개똥이네 집〉은 전부터 알고 계셨나요?

장 들어서 조금은 알고 있고 미리 보내 주신 책들을 살펴보았습니다. 아이들을 자연과 이야기하게 만들고, 놀이의 세계로 이끄는 내용들이 참 좋았어요. 〈개똥이네 놀이터〉라는 책 이름도 마음에 들어요. 흔하고 보통 사람들을 쉽게 부를 때 개똥이라고 하지요. 보통 아이들을 위한 마음이 담겨 있잖아요. '놀이터' 하니까 놀게 해 주면 좋겠다는, 아이들에 대한 사랑도 느껴지고요.

최 청소년 시절을 매우 어렵게 자란 걸로 아는데 어떻게 보냈는
　　가요?

장 학교 다니는 동안에 가정 형편이 굉장히 어려웠습니다. 고등학
　　교까지 다니면서 점심 도시락을 한 번도 가져가 보질 못했지요.
　　때때로 굶는 일도 많았습니다. 아침에 집에서 밀가루죽 수제비를
　　끓여 먹다 보니까 도시락을 싸 갈 수가 없었어요.

　　　제 삶에서 가장 행복했던 때는 초등학교 3학년 때까지였던 거
　　같습니다. 충북 단양에 있는 조그만 시골학교에 다녔는데 자연
　　의 너른 품에 안겨 놀았어요. 여름이면 냇가에서 물놀이하고, 겨
　　울이면 얼어붙은 논에서 눈썰매를 탔습니다. 토끼와 송아지 꼴도
　　베다 먹이고, 가을에는 밤을 주우며 놀았지요.

최 고등학교 때는 근로 장학생을 하면서 학교에 다닌 걸로 아는
　　데요.

장 살림이 어려워 고등학교를 못 갈 형편이었어요. 중학교 다닐 때
　　등록금을 못 내서 등교정지를 당할 정도였으니까요. 아는 선생님
　　이 학교 매점 일을 하면 등록금을 면제해 주고 용돈도 주겠다고
　　해서 광주고등학교로 진학했습니다. 학교가 직접 매점을 운영하
　　였는데 그곳에서 일하는 학생들은 근로 장학생이라 해 수업료를
　　면제해 주고 수익금으로 장학금을 주기도 했거든요.

최 교육대학을 나와 처음에 초등학교 교사로 근무하셨지요. 초임

교사 시절은 어땠나요?

장 1970년 3월, 전남 영광에 있는 백수초등학교 교사로 첫 발령을 받아 6학년을 가르쳤는데요. 그때는 중학교 입시가 있었어요. 날마다 시험지 풀어 점수 올리기에 바빴는데, 어느 날 여학생 세 명이 학교에 안 오는 거예요. 가출을 했던 거지요. 애들을 찾아 헤맨 끝에 겨우 데려오면서 이야기를 들어 보니, 집안 형편이 어려워 집에선 아무도 보살펴 주지 않았던 거예요. 그때서야 아이들 사정을 알게 되면서 크게 반성했어요. 시험 점수도 좋지만 아이들을 위로하고 격려하고 자신감을 갖게 하는 것이 중요하겠다고 생각을 바꾸었지요. 그래서 시험지 풀이 대신 책을 읽어 주고, 글을 쓰게 했어요. 한 달에 한 번씩 문집도 만들었지요. 교사가 아니면 어디에서도 사랑을 받을 길 없는 아이들을 돌봐야겠다고 생각한 겁니다.

최 그때 벌써 문집을 만드셨군요. 책 읽어 주기도 하셨는데 어린이 책 중에 마음에 남는 책은 무엇인가요?

장 제가 학교 다닐 때는 집안이 어려우니까 다른 책은 없고, 교과서를 많이 읽고 지냈어요. 중고등학교에 들어가면서는 다행히 학교 도서관에서 여러 책을 읽었지요. 교사가 되어서는 아이들한테 동화나 소년소설을 읽어 주곤 했습니다. 시험 점수 올리는 게 전부가 아니니 시골 아이들한테 책과 함께하는 시간을 만들어 주어야겠다는 생각이었지요. 동화책은 교사를 할 때 읽은 것 가운데

권정생의 동화가 기억납니다.《강아지 똥》,《몽실 언니》같은 책을 아이들한테도 권하고 싶네요.

최 그 뒤 중고등학교로 옮겨 교사를 하다가 해직되고 교육위원에 재선되면서 교육감까지 하게 되었습니다. 어찌 보면 평범하고 순탄한 삶은 아닌 것 같은데 교사직을 떠나 교육감까지 이르게 된 계기가 무엇인가요?

장 왜 이렇게 변화가 큰 삶을 살게 되었느냐고 묻는 경우가 많은데요. 제가 교사를 하면서 받은 충격과 반성 때문이에요. 중등교사 자격시험을 치러 중학교를 거쳐 1983년도에 담양여고에서 근무할 때입니다. 대학에 들어갈 만큼 성적이 좋은 여학생인데 가정형편이 어려우니 끝내 입학시험을 안 보겠다는 거예요. 합격해도 어차피 다니지도 못할 텐데, 대학에 갈 수 있는 다른 학생이 자기 때문에 떨어지면 안 되지 않냐고 하더라고요. 그런 것도 모르고 학교 평가를 잘 받기 위해, 교사 등급 표창을 받기 위해 대학 입시에만 매달린 제 자신이 한없이 부끄러웠어요.

광주과학고에서 교사로 근무할 때는 학교장이 제 교과목인 사회과는 카이스트 시험에 출제되지 않으니 그 시간에 자습을 시키라고 하더군요. 저는 그 말을 듣지 않고 정해진 대로 사회과 수업을 해 버렸지요. 그래도 어쨌거나 거기서 입시경쟁 교육의 모순을 뼈저리게 겪었습니다.

1987년, 6·29 선언 이후에 교육 민주화와 교육 개혁을 하기 위

“ 지금 교실은 아이들 중심이 아닌 교사 중심의 수업이 이루어
지고 있어요. 배움이 있는 교실, 자기 생각을 키울 수 있는 수업
을 해야 한다고 생각합니다. 아이들 스스로 생각하고 판단하고
행동하도록 해야 합니다. 그렇게 교육이 달라져야 하고 그 방안
으로 수업이 바뀌어야 해요. 수업을 혁신하자는 것이 제2기 교육
정책의 가장 큰 목표입니다. ”

해 교사들이 모였어요. 저도 올바른 교육을 해 보자는 뜻으로 교육 운동을 시작했습니다. 그 과정에서 해직되었다가 복직한 뒤 교사로 근무하다 2006년 무렵부터 교육위원으로 활동했습니다. 그런데 8년 동안 교육위원을 해도 교육을 바꾸는 데 한계가 있더군요. 그때, 내가 교육감이 되면 교사로 근무할 때 절실하게 바랐던 교육을 실현할 수 있겠다는 생각을 했습니다. 결국 학교 현장에서 교육 모순을 실제로 겪은 경험이 교육감까지 되게 한 원동력이 되었다고 볼 수 있지요.

'희망 교실'이 가장 큰 보람

최 지난번에 이어 두 번째 교육감을 하게 되었는데요. 지난 4년을 돌이켜 볼 때 두드러지게 해낸 일을 든다면 무엇인가요?

장 좀 창피한 이야기 같지만, 무엇보다 광주지역 학교에서 촌지가 없어졌다고 자부합니다. 교사 근무평정 할 때 학교장에게 접대하는 일도 없어지고 학교에서 돈 봉투 주고받는 문화가 사라졌어요. 두 번째는 학생인권조례 만든 겁니다. 이제는 학생들이, 선생님들이 자기들을 존중해 주는 느낌을 받는다고 말해요.

가장 큰 보람이라면 '희망 교실'이라는 사업을 만든 것입니다. 희망 교실은 선생님이 학생들의 인생 멘토가 되어 또 다른 부모님의 역할을 해 주는 교육복지 사업이자 수업혁신 프로그램인데요. 교사들이 학교생활에 잘 적응하지 못하거나 부모가 돌보지 못하고 공부를 따라오지 못하는 아이들 네다섯 명과 짝을 맺어 함께 시간을 보낼 수 있도록 지원했습니다.

　교육청은 교사가 주체적으로 계획하고 집행할 수 있는 예산을 확보해 주고, 교사는 그 예산을 알아서 씁니다. 아이들한테 필요한 물건을 사 주거나, 밥을 챙겨 먹고, 공연을 보러 가거나, 목욕탕을 가는 것처럼 아이들과 함께 활동하는 데 쓰게 되지요. 이 활동에 지역에 있는 가게나 식당 들에서 할인이나 기부를 해 주기도 합니다. 교사들이 자발적으로 신청하게 했는데, 올해까지 광주 지역 교사들의 삼분의 일인 5,100명이 참여했으니, 놀라운 일이지요.

최　학교가 올바로 혁신되고 교사들이 자발성을 갖게 되어야 수업의 변화도 뒤따라오리라 봅니다. 전국으로 혁신학교 바람이 번져 가고 있는데 광주교육청의 '빛고을 혁신학교'는 다른 시도의 혁신학교와 다른 점이 있습니까?

장　혁신학교의 철학과 방향은 대체로 비슷할 텐데요. 빛고을 혁신학교는 광주다운 교육을 해 보자는 점이 특성이라고 할 수 있습니다. 광주는 모두 알다시피 민주, 인권, 정의, 통일을 중요시하는 지역이지요. 이런 지역의 가치와 지향을 교육과정에 반영합니다. 또 남도의 예술 정서와 '아시아문화중심도시'로 나아가는 움직임을 반영하여 문화예술교육에 중점을 두고 있습니다.

최 앞으로 교육감 제2기에 들어가는 4년 동안 학교 교육을 변화시
  키기 위해 꼭 해 보고 싶은 일은 무엇인가요?

장 두 번째 교육감 임기를 시작하면서 '질문이 있는 교실, 행복한
  학교'를 만들어 보겠다고 공약했습니다. 요즘 아이들은 정말 질문
  을 안 하거든요. 묻는 말에 대답도 잘 않고요. 지금 교실은 아이
  들 중심이 아닌 교사 중심의 수업이 이루어지고 있어요. 배움이
  있는 교실, 자기 생각을 키울 수 있는 수업을 해야 한다고 생각합
  니다. 아이들 스스로 생각하고 판단하고 행동하도록 해야 합니다.
  그렇게 교육이 달라져야 하고 그 방안으로 수업이 바뀌어야 해요.
  수업을 혁신하자는 것이 제2기 교육정책의 가장 큰 목표입니다.
  소외가 없는 교실을 만들기 위한 교실 혁명을 일궈 보겠습니다.

최 앞으로 4년 동안 전국의 17개 시도 교육감들에게 거는 기대가
  큽니다. 전국교육감협의회 전반기 회장을 맡으셨는데 어떤 계획을
  갖고 계신지요.

장 지난 6·4 지방선거에서 교육에 대해 이전과는 다른 기대와 요
  구를 보여 주었습니다. 국민들이 교육 혁신을 강렬하게 바라고 있
  어요. 학교를 민주적으로 투명하게 운영하라는 것입니다. 또 학생
  들을 점수로 줄 세우기만 하지 말고 스스로 판단하고 행동할 수
  있도록 교육해 주기를 요구합니다. 이런 일은 어떤 한 지역뿐이
  아닌 전국의 교육감들이 모두 나서야 가능하지요. 그러기 위해
  전국교육감협의회의 역할을 강화하여 단순히 교육부에 건의하는

수준에 그치지 않고, 교육 현안이나 정책에 대해 적극 목소리를 낼 것입니다. 특히 지방교육재정 확보, 대학입시제도 개편, 야간자율학습이나 조기등교 금지 들을 이루어 내 아이들이 행복한 학교생활을 할 수 있도록 전국 교육감들과 함께 노력하겠습니다.

최 끝으로 학부모님들한테 들려주고 싶은 말을 해 주세요.

장 저는 '무엇이 될 거냐?'보다 '어떻게 살 거냐?'를 훨씬 중요하게 생각합니다. 때문에 교육감으로서 어떻게 우리 아이들이 더 건강하고, 더 안전하고, 즐겁고 행복하게 공부할 것인가를 많이 생각할 것입니다. 학부모님들께서도 아이들에게 너무 과도한 기대나 요구보다는 믿고 기다려 주고 참아 주는 마음으로 아이들 교육에 함께해 주시면 좋겠습니다.

서울특별시 교육감

조희연

▶ 2015. 2. 24.

"최창의가 만난 전국 교육감", 이번 달에는 서울시교육청 조희연 교육감입니다. 오전 10시부터 교육감실에서 2시간 동안 여러 질문과 대답을 주고받았습니다. 5살 때 어머니가 돌아가신 어린 시절 삶부터 최근 추진하는 학생 자치활동 강화 정책까지 두루 이야기를 들었습니다.

먼저 교육감실에서 본 모습과 물건이 인상에 깊이 남습니다. 교육감실이나 면담 대기실이 예전과는 크게 달라져 있었어요. 권위적인 검은 소파나 딱딱한 탁자 대신 친근하고 소박한 나무 의자와 책상들이 들어와 있더군요. 서울하자센터 아이들이 만든 것이라는데 카페에 온 듯 참 편안한 느낌이 들었습니다.

대담 마지막에 조희연 교육감이 교육감실 안에 설치되어 있는 세 가지 물건에 대해 이렇게 설명해 주었습니다. "나침반을 보면서 올바른 방향을, 둥근 나무 회의 책상에서는 소통을, 자전거를 바라보며 참된 균형을 다짐하고 실천합니다."

1956년생. 1990년부터 성공회대학교 교수로 재직하면서 NGO대학원장, 시민사회복지대학원
장 등을 지냈다. 1994년 참여연대를 박원순 변호사 등과 함께 주도했으며, 집행위원장을 역임
했다. 민주화를 위한 전국교수협의회 공동의장으로 활동했으며, 2014년 서울시 교육감 선거 민
주진보 진영 단일후보로 결정되어 서울시 교육감으로 당선되었다.

교육 불평등을 깨고
아이들의 다양한 잠재력을
꽃피우겠습니다

최창의 〈개똥이네 집〉독자들 가운데는 어린 자녀를 둔 학부모가 많은데요, 교육감님은 어린 시절을 어떻게 보냈는지 궁금할 것 같아요.

조희연 저희 어머니가 일찍 돌아가셨어요. 제가 다섯 살 때지요. 초등학교 4학년 때 새어머니가 오셨는데, 그 전까진 열다섯 살 위인 누나가 엄마 노릇을 많이 해 주었어요. 정서적으로는 좋은 환경이 아니었지요. 성격이 세심한 편이라서, 그런 상황에 휘둘리지 않으려고 그랬는지 공부만 하고 교회만 다녔어요. 주변 환경에 무심하게 지내려고 했지요.

최 일찍부터 어머니 없이 자랐으니 힘드셨겠네요.

조 초등학교 2학년 때 담임선생님이 가정방문을 와서 해 준 말씀이 기억나네요. '어머니도 없는데 착하게 생활하는구나' 하고 도

닦여 주셨지요. 제가 5남 2녀 가운데 아들로는 막내였는데, 형들
하고 스무 살 넘게 차이가 났어요. 새어머니는 아무래도 나이 든
형들과 갈등이 있었겠지만 저하고는 관계가 괜찮았어요.

최 그래도 모범생으로 자라 흔히 말하는 엘리트 코스를 걸어왔다
고 볼 수 있는데요. 공부 못하는 아이들을 잘 이해하지 못할 수
도 있다는 말을 듣지 않으세요?

조 제가 어릴 때만 해도 공부 잘하는 아이와 못하는 아이가 요새
같이 신분이나 계급이 다른 것처럼 느껴지는 않았어요. 저는 그
냥 공부 잘하는 학생일 뿐이었고, 학교나 교회에서 만나고 어울
리고 그랬죠. 물론 중학교는 시험 봐서 전주에서 다니고, 고등학
교는 서울로 유학 와 다녔습니다.

  공부를 잘해서 이름난 중·고등학교를 다닌 건 맞지만, 엘리트
교육의 문제점을 개혁하려는 생각도 갖고 있습니다.

최 공부를 계속해 학자가 되었는데, 그 과정에서 어려움을 겪은 적
은 없었나요?

조 1970년대 중반, 제가 대학 다닐 때는 유신헌법을 반대하면 잡
아들이는 '긴급조치 9호시대'였어요. 굳이 좌절이라면 대학 4학
년 때 긴급조치 위반으로 구속되고, 학교에서 제적당한 일이라고
할까요. 지방 공무원이었던 아버지는 아들 인생이 끝났구나 하고
낙망하기도 했지요. 감옥에서 나온 뒤에는 학교로 돌아갈 수 없

으니, 노동 현장으로 가려고 '열관리사 자격증'을 따기도 했고요.

최 슬하에 두 아들을 뒀는데요, 자녀 교육은 어떻게 했나요?

조 교육감 선거를 치르면서 미안하고 부담스러운 게 한 가지 있어요. 아들 덕분에 마치 제가 반듯한 아버지의 표상처럼 비쳐졌지요. 상대 후보는 딸의 편지로 지나치게 깎아내려졌고요.

알려진 것과 달리 저는 오히려 아이들을 자유롭게 키웠어요. 애들이 자발적으로 결정하게 하고 거의 간섭을 안 했습니다. 제 성격이 부드러운 편이라서 아이들이 신경질을 내면 제가 참고 말아요. 그러면 아이가 격한 반응을 보였다가도 곧 분노를 조절하는 것 같더라고요.

최 선거 이야기가 나왔는데 지난 교육감 선거 때 한 발언 때문에 소송 중이지요. 어떻게 되어 가는가요?

조 선거 과정에서는 대개 여러 가지 의혹과 공방이 일어나거든요. 제가 교육감 선거하면서 상대편 후보에게 딱 하나 설명을 요구한 게 있는데요. 상대 후보가 미국 영주권을 보유하고 있다는 의혹을 해명하라고 공개적인 기자회견 자리에서 요구했지요.

그때는 선관위에서 주의 경고를 하고 끝냈어요. 그런데 뒤늦게 검찰이 기소를 해서 재판이 예정되어 있습니다. 이 문제는 표현의 자유, 선거 활동의 자유 차원에서 접근할 수가 있는 거라고 봅니다. 하지만 제 입장만 내세울 수 없고, 4월 말쯤 국민참여재판을 통해 상식에 따른 판결이 내려질 거라고 기대합니다.

최 교육감이 되겠다는 생각은 어떤 계기로 갖게 되었는지요?

조 교육감 선거가 있기 전 2년 반 동안 제가 민주화교수협의회 대표를 맡았어요. 그때 초·중등학교 현장에 관심을 갖고 들여다보게 되었지요. 그런 데다가 교수단체와 교육단체 회원들이 강하게 권유해서 교육감 출마를 결심하게 되었어요.

최 교육감 임기 4년 동안에 확실하게 바꿔 놓고 싶은 것이 있다면 무엇인가요?

조 저는 4·16 세월호 참사 이전과 이후의 교육이 달라져야 한다고 봅니다. 기존의 교육은 1등주의입니다. 오직 1등을 강요하며 꼴등까지 줄 세우고 아이들을 닦달했어요. 세월호 이후의 교육은 오로지 한 사람 교육으로 바꿔야 한다고 생각합니다. 한 사람 한 사람의 다양성과 잠재력을 꽃피워야 합니다. 그래서 입시 위주 교육 체제를 개선하려고 합니다. 교육 불평등을 완화하는 데 힘쓰겠습니다. 잘사는 부모와 못사는 부모의 분화와 양극화 현상이 상상을 뛰어넘고 있어요. 부모의 경제력이 교육 격차로 이어지는 상황을 공교육이 메꾸어 줄 수 있도록 하고 싶습니다.

최 우리 교육의 문제 가운데서도 참 큰 것이, 아이들의 실제 삶과 학교 공부가 연관성이 적다는 것입니다. 어떻게 달라져야 할

66 저는 4·16 세월호 참사 이전과 이후의 교육이 달라져야 한다고 봅니다. 기존의 교육은 1등주의입니다. 오직 1등을 강요하며 꼴등까지 줄 세우고 아이들을 닦달했어요. 세월호 이후의 교육은 오로지 한 사람 교육으로 바꿔야 한다고 생각합니다. 한 사람 한 사람의 다양성과 잠재력을 꽃피워야 합니다. 그래서 입시 위주 교육 체제를 개선하려고 합니다. 99

까요?

조 삶과 배움을 일치시키는 교육이 필요하겠지요. 삶을 풍부하게 하는 것이 교육인데 좋은 직장이 목적이 되고 교육은 도구가 되어 버렸어요. 이런 왜곡된 교육을 개혁해서 삶과 공부의 괴리를 좁혀 주는 게 교육감이 가진 책무라고 생각합니다. 서울시교육청은 지금 중학교에서는 자유학기제를 운영하고 있고요, 고교 1학년 단계에서는 이와 비슷한 '인생 학교'를 시범으로 운영합니다. 학생들이 자기가 하고 싶은 것을 하도록 하고 교육과정으로 인정해 주는 것이지요.

최 당선된 뒤, 공약으로 내걸었던 자율형사립고등학교 지정 취소 문제에 의욕 있게 뛰어들었지요. 너무 서둘러 실패한 건 아닌가 하는 평가가 있습니다.

조 서울시에 있는 열네 개 자율형사립고등학교를 평가해 여덟 개 학교에 지정 취소 결정을 내리게 됐죠. 이런 노력들은 고등학교 교육의 균형을 잡으려는 시도였어요. 원래 목표대로 다 된 건 아니지만, 고교 서열화와 교육 불평등에 대해 새로 각성하는 계기가 되었다고 생각합니다. 근본적으로는 고교 입시의 선발 방식과 고교 서열화 자체를 개선하는 대책이 필요합니다.

학생은 교복 입은 시민

최 좀 더 세부적인 교육 문제를 이야기해 보겠습니다. 도시에 사는
아이들은 아무래도 자연 생태 환경과 거리가 멉니다. 자연과 생명
을 살리는 생태 교육에 대해서는 어떤 방향을 갖고 있는지요?

조 학교 공부가 아무래도 국·영·수 교과 중심으로 짜여 있지요.
공교육에서 어떻게 생태 감수성을 높일 수 있을까 고민하고 있습
니다. 작은 출발이지만 학교 텃밭 운영을 현재 백십 곳에서 서른
곳을 추가로 늘렸어요. 서울시가 도시농업전문가를 지원하기로
했고요. 농산어촌 유학을 교육과정으로 인정하고, 제주도교육청
과 협약해 일정 기간 교환 학습을 추진할 계획도 갖고 있습니다.

최 교육감님은 감성을 키우는 문화예술체육 교육도 매우 강조하고
있습니다. 어떤 지원을 할 계획입니까?

조 서울시교육청은 인성, 감성, 지성이 어우러지는 창의 교육을 슬
로건으로 내걸고 있지요. 다양한 문화예술 교육 프로그램을 운영
하는 창의인성교육센터를 다섯 개 권역별로 확대하려고 구상하
고 있습니다. 학교 연극 같은 집단적인 문화예술 활동도 복원시키
고 지원할 계획이고요. 그리고 아이들이 적어도 악기 하나, 운동
하나쯤은 할 수 있게 하겠습니다.

최 아직도 교육청과 학교가 변하지 않고 있다는 말을 듣습니다. 관

료주의와 타성에 젖은 보수성을 지적하는데요.

조 학교 민주주의는 교사와 학생 관계의 민주화가 핵심이지요. 혁신학교도 알고 보면 학교 민주주의 프로젝트이고, 관계가 민주화된 겁니다. 교사의 자발성과 학생의 자기 주도성이 살아난 것이지요. 1980년대 절차 민주주의가 온 사회로 확대되고 있는데, 아직도 확산되지 않는 곳이 군대와 학교입니다. 군인은 군복 입은 시민, 학생은 교복 입은 시민입니다. 군인도 학생도 시민으로서, 사회 구성원으로서 존중해야지요. 그래서 서울시교육청에서는 학생 자치활동부터 활성화하려고 합니다. 9시 등교를 학생들 투표로 결정한 것도 그런 까닭입니다.

최 학부모들이 학교 교육에 스스로 참여하는 것도 중요하겠지요.

조 학교를 구성하는 여러 주체를 인정하고 새로운 관계 맺기를 지원할 겁니다. 4월에는 학교 학부모회를 의무화하는 조례를 제정합니다. 교사들이 일정한 자율성과 권한을 갖는 교사회를 갖는 것도 필요하고요.

최 서울시교육청은 서울시와 교육 협력 사업이 잘 이루어지는 것으로 알려져 있습니다. 어떤 전망을 갖고 있나요?

조 지금은 교육의 경계가 분명하지 않아요. 이를테면 학교 밖 청소년들을 제대로 돌보려면 지방자치단체와 교육청이 협력해야 가능하고 효과도 있어요. 박원순 서울시장이 교육 사업에 적극적이어서 서울시교육청과 새로운 협력 모델을 많이 만들고 있어요. 서울시와 함께하는 교육 협력 사업으로는 학교 화장실 개선, 초등학교 스쿨버스 운영, 공립 유치원 확대, 햇빛 발전소 설치 같은 여러 가지 것들이 진행되고 있습니다.

최 교육감실을 둘러보면서 자전거가 있는 게 인상 깊었어요. 교육감이 가진 교육관과 관련 있을 거 같은데요, 마지막으로 서울 교육에 대한 희망과 기대를 전해 주십시오.

조 교육감실에 나침반, 둥근 탁자, 자전거, 이렇게 세 가지 상징물을 두고 있습니다. 나침반은 방향을 가리키는 건데요, 세월호 참사 이후 우리가 교육을 통해 만들어 가야 할 변화의 방향을 잃지 않으려고요. 둥근 탁자는 소통하면서 그 방안을 만들어 가자는 뜻이고요. 자전거는 균형을 잘 잡고 달리자는 뜻입니다. 자전거는 달려야 넘어지지 않지요. 균형을 잃지 않고 끊임없이 달리면서 시대에 뒤떨어진 낡은 교육 체제를 새로운 교육을 만들기 위한 원동력으로 전환하겠습니다.

모두가 행복한 혁신미래 교육을 꿈꾸고 실현해 보겠습니다. 부족하지만 도와주시고 때로 질책해 주십시오.

강원도 교육감

민병희

▶ 2015. 3. 5.

봄이 오는 계절에 민병희 강원도 교육감을 찾아왔습니다. 두 번째 교육감을 하게 되어서
그런지 안정감이 들고 자신감이 전해 옵니다.

교육감실에 들어서니 교사 출신 비서실장과 대변인, 보좌관이 반갑게 맞이하네요. 지난날
교육을 바꾸려고 몸부림친 동지들이 민 교육감과 함께 일을 하고 있는 것입니다. 강원도
는 지난 4년 동안에 20년 싸워서도 못해 낸 고교평준화를 실행해서 서열화를 없앴고 보
편복지로 돈 안 드는 교육도 실현했답니다. 그러느라 힘도 들었지만 신이 났다고 하네요.
올해 5월에는 어린이날을 맞아 놀이 헌장을 만들어 공포하겠답니다. 아이들이 빼앗긴 삶
의 재미인 놀이를 되찾아 주고 싶어 펼치는 노력이랍니다.

"뛰는 놈 위에 나는 놈, 나는 놈 위에 노는 놈이 있다."는 민 교육감님의 명언을 듣고 나오
는데 마음이 든든해졌습니다.

1953년생. 2010년 제5회 전국동시지방선거에서 진보 성향으로 당선된 첫 강원도 교육감이다. 중고등학교 수학 교사로 재직하였고 전교조 강원지부 2, 3, 6대 지부장을 맡기도 하였다. 2002년부터 2010년까지 강원도 교육위원으로도 활동하였으며 재선 교육감으로 일하면서 《책갈피에 담아놓은 교육 이야기》라는 책을 펴냈다.

즐겁고 행복하고
꿈을 찾아가는 교실을
만들고 싶어요

최창의 민병희 교육감이 교육청 직원들 사진을 직접 찍어 준다는 기사를 본 적이 있습니다. 여기 교육감실에 있는 이 사진들인가요?

민병희 네. 그렇습니다. 제가 교사로 근무할 때, 학생 앨범을 만들었어요. 아이들 사진을 찍으면서 파인더로 얼굴 하나하나를 들여다 볼 때면, 아이들 마음도 보여요. 인물 사진을 찍다 보면 개성이 드러나고 내면이 엿보이거든요. 교육청도 학기가 바뀌면 발령 난 직원들이 임명장을 받으러 오잖아요. 그날은 옷도 잘 차려입지요. 그때 카메라를 들고 다니며 직원들 사진을 다 찍어 줘요. 제 탁자 위에도 올려놓고 보면서 얼굴도 익히고 그래요.

최 교육감이 되기 전에는 오랫동안 교사 생활을 하셨는데, 아이들 한테 어떤 교사로 기억되고 있나요?

민 교사일 때는 교실에 있는 시간이 가장 좋았어요. 아이들을 보면
   편안하고 행복하지요. 교사가 아이들 편에 서 있는지 아닌지는
   누구보다 아이들이 잘 알아요. 제가 전교조 일로 해직될 때 많이
   울던 여자아이가 있었는데, 나중에 초등학교 교사가 되었더라고
   요. 그런데 그 여선생님도 아이들 입장에 서서 일제고사 반대하
   다가 저처럼 해직되었어요. 제가 교육감 되고 나서 복직시켰지요.
   아이들에 대한 진정성은 서로 통하는 것 같습니다.

최 교육민주화운동을 하던 교사 시절에는 대형 운전면허자격증을
   땄다고 들었는데요.
민 해직되었다가 교사로 복직될 때, 아내가 대형 운전면허시험을
   봤어요. 혹시 제가 또 학교를 그만두면 관광버스라도 몰아야지
   않겠느냐면서요. 그러면 부부가 함께 운전해야겠다 싶어 땄는데
   다행히도 써먹지는 않고 있어요. 그런데 올해부터 강원도에서
   에듀버스를 시범 운영하는데, 첫 번째 운전자로 제가 나설까 합
   니다.

최 에듀버스는 무엇인가요?
민 통폐합된 학교에서 통학버스를 운행하는데, 그 버스가 학교 소
   속이잖아요. 그러다 보니 근처에 있어도 다른 학교 학생들은 그
   차를 못 타요. 또 낮에는 쉬기 때문에 체험 학습하러 갈 때도 이
   용을 못 합니다. 그래서 통학버스를 교육청 소속으로 통합해서

융통성 있게 운영해 보려고 합니다. 올해 시범 운영해서 내후년까지, 모두 이런 방식으로 바꾸려고요.

최 교육위원을 거쳐 교육감이 된 뒤 첫 번째 임기를 마쳤는데요. 막상 교육감을 해 보니 어떠했는지요?

민 교육위원으로 8년 동안 활동을 열심히 했지만, 교육을 뿌리부터 바꾸는 데에는 한계를 느껴서 교육감에까지 나서게 되었지요. 교육감이 되니 학교 현장에서 바라던 교육의 이상을 조금씩이나마 실현할 수 있었습니다. 초등학교 일제고사를 없애 상시평가제를 실시하면서 아이들이 즐겁고 행복해졌잖아요. 학부모들이 처음에는 아이들 성적이 어느 정도인지 몰라 답답하다고 말했어요. 하지만 시간이 지나고 아이들 표정이 달라진 걸 보면서 좋아하게 되더라고요.

최 지난 4년 임기 중에 역점을 둔 정책은 무엇이었으며, 성과는 어떤가요?

민 뭐니 뭐니 해도 고교평준화를 이룬 것이지요. 춘천, 원주, 강릉 세 지역인데, 평준화하려고 20년 이상을 힘들게 싸워도 못한 걸 교육감 되고 나서 실현했습니다. 4년 전에 처음 교육감에 당선되고 '돈 안 드는 교육' '고교평준화' 이 두 가지를 역점 사업으로 내걸었거든요. 돈 안 드는 교육 같은 경우도, 인문계 고등학교 몇 군데 빼고는 초·중·고 무상급식을 시행하고 있어요. 학습준비물

비, 체험학습비 들을 지원해 주어서 아이들이 돈 때문에 학교에서 어려움을 겪는 일은 없도록 하고 있습니다.

최 고등학교 입시가 평준화되면서 강원도 교육 흐름이 어떻게 바뀌었는지요?
민 학생들이 교복 색깔로 차별받지 않게 되었지요. 평준화를 실시한 뒤 여러 학교에 직접 가 봤어요. 예전에 선호하지 않던 학교일수록 신입생 안내 교육을 잘하더군요. 그리고 선생님들이 아이들을 따뜻하게 보살펴 줘요. 아이들이 이처럼 귀한 대접을 받으니 다들 만족해하지 않겠어요? 이제는 강원도 내에 선호, 비선호 고등학교 구분이 거의 없어지고 있어요. 도내 고등학교들이 고르게 발전되고 있어서 아주 다행이라고 생각합니다.
　오히려 새로 생긴 문제가 원거리 배정에 따른 불만인데요. 이를 해결하기 위해 올해부터는 원거리 배제 추첨 제도를 도입했습니다. 학생들이 사는 곳에서 거리가 너무 먼 학교를 빼고 추첨을 하는 방식이지요.

최 강원도는 혁신학교를 '행복더하기학교'라고 일컫지요. 그 학교가 중심이 되었겠지만 지난 4년 동안 학교는 어떻게 바뀌었나요?
민 우리는 이 사업을 '혁신학교'라 하지 않고 '학교 혁신'이라 말합니다. 특별한 학교만이 아닌 모든 학교를 혁신하겠다는 의지이지요. '행복더하기학교' 수도 늘렸지만 그 학교에서 나온 성과들 가

❝ 처음부터 일관되게 추진해 온 게 있어요. 학교를 방문할 때 미리 알리지 않고 갑니다. 청소하고 손님맞이하느라 힘들이지 않게요. 학교에 가면 수능성적 결과 이런 거 안 봅니다. 아이들과 선생님 얼굴만 봅니다. 아이들이 즐겁게 학교생활을 하고 있는지, 교사들은 보람과 긍지를 갖고 소신껏 일하는지, 표정만 보면 바로 알 수 있거든요. ❞

운데 대표되는 두 가지를 모든 학교에 일반화시키고 있어요. '교사들끼리 토론하기'와 '수업의 질적 변화'인데, 이를 모든 학교에 적용시키려 합니다. 행복더하기학교는 수업 시간에 자는 애들이 없어요. 수업을 참여형으로 바꾸었거든요.

최   교육을 혁신한다지만 여전히 교육청의 권위주의를 걱정합니다. 교육행정을 바꾸기 위해서는 어떤 일들을 해 왔고 그 결과는 어떤가요?

민   처음부터 일관되게 추진해 온 게 있어요. 하나는 학교를 방문할 때 미리 알리지 않고 갑니다. 청소하고 손님맞이하느라 힘들이지 않게요. 학교에 가면 수능성적 결과 이런 거 안 봅니다. 아이들과 선생님 얼굴만 봅니다. 아이들이 즐겁게 학교생활을 하고 있는지, 교사들은 보람과 긍지를 갖고 소신껏 일하는지, 표정만 보면 바로 알 수 있거든요. 또 하나는 인사 행정의 공정함을 지켰어요. 현장에서 교장으로 묵묵히 일하는 분 가운데 교사들 평이 좋으면 바로 교육장으로 발탁했습니다. 청탁이 들어오는 사람은 하나도 안 받았더니 인사 정책에 신뢰가 쌓이더라고요.

최   이제 혁신교육의 흐름이 전국으로 퍼져 나가고 있습니다. 이번에 뽑힌 교육감들 임기 4년 동안 우리 교육의 희망을 만들 수 있을까요?

민   지난 6월 4일 지방선거에서 혁신 교육감들이 많이 당선된 것은 혁명적인 사건이라고 봅니다. 어느 교수가 '대통령이 바뀐 것보다 더 큰 사건'이라고 말했잖아요. 학교 교육을 바꾸는 데 걸림돌이 되는 것이 흔히 대학 입시, 대학 서열화, 사회 불평등 구조라고들 하지요. 초중등 교육이 이 문제에 종속되어서 무너질 것이라 여기는데, 저는 아니라고 생각합니다. 행복더하기학교를 운영해 봤더니 행복하게 공부하면서도 대학도 잘 가더라고요. 입시가 어떻다 말이 많아도 교육 본질대로 밀고 나가면 어떤 제도 속에서도 이길 수 있어요. 모든 지역 모든 학교를 그렇게 만들면 대학 입시 제도도 바뀌지 않겠습니까. 이것이 우리 혁신 교육감들에게 주어진 가장 큰 숙제라고 생각해요.

선진국형 교실 복지를

최 앞으로 특별히 힘주어 이루겠다는 교육 목표는 무엇인가요?

민 교육 선진국을 강원도부터 시작하겠다고 약속했습니다. 구체로는 선진국형 교실 복지를 만들겠다는 것이에요. 과거의 교실은 주입 암기식 수업을 했지요. 그런 교실을 즐겁고 행복하고 꿈을 찾아가는 교실로 바꿔야 합니다. 교실 복지를 통해, 공부가 즐거운 '수업 복지', 감수성이 풍부하게 살아 있는 '시설 복지', 자기 꿈을 찾아 키우는 '진로 복지' 이렇게 세 가지 목표를 실현하려고 합니다.

최 강원도는 작은 학교가 다른 시도보다 많지요. 작은 학교 살리기도 잘 추진해야 할 텐데요.

민 정부가 그동안 소규모 학교 통폐합 정책을 추진해 왔지만, 그다지 효율성이 없다고 봅니다. 그래서 우리는 작은 학교 희망 만들기 사업을 줄곧 전개해 왔어요. 강원도는 학생 수가 60명이 안 되는 학교가 40퍼센트가 넘어요. 정부 방침대로 한다면 절반 가까이를 없애라는 거잖아요. 지역 주민들과 뜻을 모아 학교 통폐합을 막아 내었지요. 그 뒤로 조례를 만들고 작은 학교 희망 살리기 사업을 지원한 결과, 강원도 전체 초등학생 수는 줄었지만 작은 학교 학생 수는 늘어났습니다. 공동학구제를 새로 만들어서 큰 학교에서는 얼마든지 작은 학교로 옮겨 갈 수 있게 했습니다. 그러나 작은 학교에서 큰 학교로 전학하는 것은 어렵게 만들었지요.

최 이제 곧 어린이날이 다가옵니다. 평소에 어린이에 대한 생각은 어떤가요?

민 저는 한 살배기든 두 살배기든 어린이를 하나의 온전한 인격체로 인정하는 데서 출발해야 한다고 생각합니다. 안제이 바이다가 만든 영화 〈코르착〉을 보면 '아이들은 내일을 사는 사람이 아니다. 오늘을 사는 사람이다'는 말이 있잖아요. 우리가 이 말을 잊고 사는 것 같아요. 아이들은 누군가한테서 진정으로 사랑받을 때 그걸 압니다. 사랑하는 마음을 느낄 수 있게 우리 어른들이 행동해야겠지요.

최 어린이날을 맞아 놀이헌장을 제정하여 공포한다는 계획을 들었
는데요. 놀이헌장을 제정하게 된 특별한 까닭이 있나요?

민 '뛰는 놈 위에 나는 놈, 나는 놈 위에 노는 놈이 있다'고 합니다.
아이들은 놀지 않으면 아무것도 할 수 없다고 생각해요. 어른들
이 뺏은 놀이를 아이들한테 돌려주어야 하는데요. 지금 그럴 수
있는 가장 좋은 조건과 환경을 갖춘 곳이 학교입니다. 학교에는
같이 놀 동무도 있고, 공간도 있고, 시간을 만들어 줄 수도 있으
니까요. 놀이헌장은, 어른들이 어린이들한테서 놀이를 빼앗은 게
왜 나쁜 건지, 왜 다시 돌려주어야 하는지에 대해 우리 사회 모두
가 인식하게 만드는 첫 출발이라고 생각합니다.

최 헌장만으로는 선언에 그칠 수도 있는데요. 조례나 법률로 제정
해야 효과를 거둘 수 있지 않을까요?

민 놀이라는 게 강제할 수 있는 걸까요? 지금부터 놀아! 한다고 애
들이 놀 수 있는 게 아니잖아요. 조례나 법률로 강제하기 이전에
인식이 먼저 바뀌어야 할 것 같아요. 놀이에서 가장 중요한 게 자
발성이니까요. 자연스럽게 어우러지고 놀 수 있게 해 줘야지요.

최 마치면서 학부모들에게 하고 싶은 말이 있으면 덧붙여 주세요.

민 아이들 이야기를 많이 들어 주면 좋겠어요. 상담 가운데 가장
좋은 것이 들어 주고 끄덕여 주는 거예요. 아이들 생각을 소중하
게 들어 주고 공감해 주길 바랍니다.

충청남도 교육감

김지철

▶ 2015. 4. 6.

3선 교육의원 출신 충남 김지철 교육감과 대담을 나누었습니다. 교육의원 할 때보다 여유롭고 편안해 보이지만 하고 싶은 말은 많은 듯했습니다.

아직은 충남의 보수적인 분위기, 의회와의 관계 등으로 어려움이 적잖지만 취임 후에 천안지역 고교평준화를 이루어 낸 것은 의미 있는 성과라고 합니다. 평준화를 통해 이제 중학교에서 문제풀이식 교육을 끝내고, 고등학교도 잠자지 않는 교실을 만들기 위해 대책을 모색하고 있답니다. 전임 충남교육감 때의 장학사 시험 비리를 거울삼아 승진과 연계하지 않는 임기제 장학사 제도도 준비해서 올해부터 시행하겠다고 합니다.

이야기를 마치면서 대한민국의 중원인 충청도에서 교육 혁신이 일어나길 바란다고 했습니다. 김 교육감은 특유의 너털웃음을 웃으면서 잘해 보겠다며 굳게 손을 잡습니다.

1951년생으로 충남지역에서 영어 교사로 일했다. 교복공동구매 네트워크, 천안학교급식협의회 공동대표 등 교육 관련 단체에서 다양한 활동을 펼쳤다. 2006년 충남교육위원회 역사상 첫 전교조 출신 교육위원으로 당선되어 3선까지 12년간 교육의원으로 활동했다. 2009년 충남교육감 보궐선거에 낙선한 뒤 2014년도에 충청남도 교육감에 출마하여 당선되었다.

학생이 중심되는 행복한 학교,
깨끗한 교육행정을 이룩하겠습니다

최창의 바쁜 시간 내주셔서 고맙습니다. 김지철 교육감은 발로 뛰
는 분으로 알려져 있는데요.

김지철 제가 지금 신고 있는 구두가 4년 되었어요. 그동안 구두 축
을 세 번 갈았는데, 앞으로 몇 번 더 갈아야 할지 모르겠어요. 이
구두를 오래 신고 다니는 까닭이 있어요. 제 회갑 때 제자들이
선물해 준 건데요, 신발이 닳도록 열심히 뛰어다니라고요. 그래서
좀 부지런히 다니고 있습니다.

최 이전에 충청남도 교육의원 할 때도 학교 현장을 샅샅이 찾아다
니면서 활동하셨지요?

김 네, 교육위원 재선 때는 4년 동안 찾아다닌 학교가 아마 천 군
데는 될 거예요. 하루에 보통 두세 개 학교를 가는데, 외딴 곳에
있는 학교를 갈 때는 논두렁길을 걸어가기도 하고, 학교에 가서는

화장실부터 시설 구석구석까지 살펴보았지요. 교육의원 할 때 교육청 공무원들이랑 상대하다가 제가 "그 학교 한번 가 보셨어요? 그 근처에 시 지정 보호수가 다섯 그루 있어서 화장실을 지을 수가 없을 텐데요." 했더니 입을 다물더라고요. 제가 어느 학교 화장실 문이 부서져 있는 것까지 아는 정도였으니까요.

최 교사, 교육의원을 거쳐 교육감까지 하게 되었네요. 교육감이 되기로 결심하고 노력해 온 궁극적인 까닭이 있겠지요?

김 평교사로 30년 가까이 일하면서 학생들과 함께하는 시간도 무척이나 소중하고 의미가 있었어요. 그런데 한편으로는 교육정책을 바꿔 학교를 혁신해야겠다는 소망도 이루고 싶었지요. 그래서 지난 8년 동안 교육의원으로 활동하면서 현장의 목소리를 제도와 정책에 반영하기 위해 최선을 다했습니다. 하지만 교육의원이 갖고 있는 권한만으로는 교육정책을 바꾸는 데 한계를 느꼈어요. 그래서 교육감 출마를 결심하게 된 거지요. 앞으로 교육감 임기 4년 동안, 평교사 시절에 가졌던 '교사의 꿈'을 구체 현실로 꼭 만들어 보겠습니다.

최 이제 교육감이 된 지 열 달이 되어 갑니다. 스스로 잘 해냈거나 보람 있는 성과라면 무엇을 들 수 있나요?

김 다 아시겠지만 충남은 세 명의 교육감들이 불미스러운 일에 휘말려 임기 중에 물러났지요. 10년 가까이 되풀이되는 교육 비리로 충남 교육은 큰 상처를 입었습니다. 그래서 취임할 때에도 '비리척결, 청정 충남 교육'을 가장 중요하게 이야기했지요. 지난 아홉 달 동안 무엇보다 청렴하고 공정한 교육행정을 펼치기 위해 힘썼어요. 고위 공직자부터 청렴을 솔선하는 청렴 리더십 강화, 익명으로 접수하는 교육감 신문고, 교육 비리 원 스트라이크 아웃제 같은 부패 방지 사업에 역점을 두었지요. 그 결과, 국민권익위원회가 시행한 공공기관 청렴도 평가에서 지난해 대비 청렴도 향상 폭이 전국에서 가장 높았습니다. 앞으로 충남교육청이 청렴 교육청의 대명사가 되도록 꾸준히 노력하겠습니다.

최 이전 교육감 때 장학사 시험과 관련하여 추악한 인사 비리가 터졌지요. 인사 비리를 제도적으로 방지하기 위해 어떤 장치를 만들었는가요?

김 인사 제도에 대한 구체 방안을 준비하기 전에 한 가지 원칙을 정했어요. 승진보다는 교단에서 아이들을 성실하게 가르치는 많은 선생님들을 우대하는 데 모든 역량을 집중해야겠다는 겁니다. 이런 원칙 아래 '전문 계열 장학사'를 선발하는 제도를 도입하려고 합니다. 공모제를 통해 선발된 전문직들은 임기를 마치면 교감으로 승진하는 것이 아니라 다시 평교사로 돌아가게 하는 제도이지요. 전문직이라는 자리가 학교 현장을 지원하고 장학하는 일을 하는 자리이니, 그 본래 기능을 수행할 수 있게 하려는 것입니다. 이런 제도가 제대로 정착된다면 십 년 넘게 이어졌던 충남 교육의 비리는 근절되리라 믿습니다.

최 지난날 교육감들이 관행으로 해 왔던 일 가운데 크게 바꾼 것
   은 무엇인가요?

김 교육감이 바뀌면 대개 교육감이 강조하는 특색 사업을 설정하
   고 전체 학교에 일방으로 강요합니다. 그리고 학교 평가에 반영하
   여 현장 교사들한테 심각한 직무 스트레스를 주곤 했어요. 그런
   데 이번에 전체 학교가 무조건 해야 하는 특색 사업을 없앴습니
   다. 학교 평가도 학교 공동체가 알아서 하는 자체 평가로 바꾸었
   고요. 교육청이 내놓는 여러 정책 사업을 학교가 특성에 맞게 골
   라서 추진할 수 있도록 하였습니다. 또 하나는 그동안 교육감이
   학교에 한번 가면 그 학교는 교육과 관계없는 일에 너무 많은 기
   운을 써 왔지요. 그래서 저희는 학교 방문을 할 때 10분 전에 알
   려 줍니다. 교육감 방문이 특별한 일이 아니에요. 현장에 있는 선
   생님과 학생, 그리고 학교에서 비정규직으로 일하는 분들과 간단
   히 차를 마시며 자연스럽게 이야기 나누는 거지요.

최 학부모들은 혁신 교육감에 대한 기대감이 큽니다. 하지만 4·16
   참사 1주기가 지났어도 우리 사회와 교육이 크게 달라지지 않았
   다고 하는데요.

김 학교는 혁신된다고 하는데, 왜 아이들이 아직도 학교에서 자는
   지, 잘 수밖에 없는지 원인을 분석하고 해결하지 않으면 교육감이

❝ 학교는 혁신된다고 하는데, 왜 아이들이 아직도 학교에서 자는지, 잘 수밖에 없는지 원인을 분석하고 해결하지 않으면 교육감이 된 의미가 없겠지요. 우리 교육계가, 엎드려 자는 아이들, 부적응 아이들, 가슴앓이하는 아이들 문제에 눈감고 있다고 생각합니다. 그러면서 학교가 행복하다는 것은 눈속임과 다를 게 없어요. 어떻게든 교실에서 엎드려 자는 아이들을 일으켜 세워 보려고 합니다. ❞

된 의미가 없겠지요.

우리 교육계가, 엎드려 자는 아이들, 부적응 아이들, 가슴앓이 하는 아이들 문제에 눈감고 있다고 생각합니다. 그러면서 학교가 행복하다는 것은 눈속임과 다를 게 없어요. 올해 하반기에는 공청회, 세미나, 워크숍을 열어서, 교실에서 엎드려 자는 아이들을 일으켜 세워 보려고 합니다. 교육청 정책이 교육 본질에 접근해 아이들 삶과 배움이 구체로 달라질 수 있도록 노력하겠습니다.

교교평준화로 교육 정상화를

최 그러면 행복한 학교는 무엇으로 한눈에 확인할 수 있을까요?

김 충남은 학교 혁신 속도를 조금 늦추더라도 현장하고 맞춰 가면서 진행하고 있어요. 학교장이 먼저 한 달에 몇 번씩이라도 교문 앞에서 아이들을 안아 주거나 악수하라고 강조합니다. 그렇게 하면 아이들이 바뀌거든요. 또 아이들한테 놀이 시간을 만들어 줘서 하루 한 끼 이상 놀이밥을 먹여 주라고 합니다. 1, 2교시가 끝난 뒤, 놀이 시간을 30분씩 주고 집단 놀이와 전래 놀이를 하면서 아이들 표정이 달라졌어요. 학교 교육이 성공했느냐 아니냐는 아이들 표정에서 알 수 있다고 생각합니다.

최 학생 중심 교육을 강조하셨는데요. 지난해에는 학생들과 300인

원탁회의를 개최했지요? 어떤 성과가 있었는지, 구체로 정책에 반영한 사례가 있는지 궁금합니다.

김 지난 12월에 '교육감과 함께하는 300인 학생 원탁토론회'를 열었어요. 충청남도 내 초·중·고 학생들이 원탁에서 공통의 관심사를 토론하고 의견을 말하는 자리였지요. 이날 토론한 중요한 내용이 '학생참여예산제'입니다. 이것을 정책에 반영하려고 올해 각 학교 대표들이 참여하는 또 다른 토론회를 가집니다. 학생회 활동, 동아리 활동 그리고 진로 활동에 쓸 예산을 세우기 위해 학생 대표 토론회를 하는 것이지요. 물론 이날 학생 대표들이 세운 예산 계획은 틀림없이 반영하려고 합니다.

최 혁신학교도 새롭게 시작하셨지요. 충남의 혁신학교는 '행복나눔학교'로 지정했는데 어떻게 추진되고 있는가요?

김 행복나눔학교는 원래 25개 학교를 운영할 계획이었지만 의회 심의 과정에서 예산이 깎여 21개 학교만 지정했어요. 예산도 이삼천만 원 정도로 적게 지원할 수밖에 없고요. 하지만 교사와 학부모의 관심이 높아 혁신학교 신청 과정에서 열기가 대단했어요. 지난 1월에는 교장, 교감, 교사, 학부모가 행복나눔학교 연수를 함께했지요. 그때 학부모와 함께 학교 운영계획을 짜게 해서 민주적이고 협력적인 학교 문화 혁신을 경험하게 했습니다. 학교 문화를 바꾸기 위해서는 교사들의 자율성과 헌신성이 가장 중요하겠지요. 혁신학교 교사들이 신명나게 일할 수 있도록 공문 처리하는 교무

행정사를 배치하고, 행정과 예산을 꾸준히 지원할 계획입니다.

최　천안 지역에서 고교입시평준화를 얻어 낸 과정을 보니, 어려움
이 많았던 것 같던데요. 도의회에서 조례가 보류되자 사과까지
해 가면서 통과시켰잖아요? 고교평준화를 이처럼 끈질기게 추진
한 까닭이 있을 텐데요.

김　당연히 학생들 때문이지요. 전국에 있는 인구 50만이 넘는 도시
가운데서 고교평준화를 실시하지 않던 딱 한 곳이 천안시였어요.
천안이 비평준화 지역으로 남으면서 학생들이 겪는 고통은 심각
한 수준입니다. 고등학교끼리 서열화가 심해지면서, 학생들은 교
복 색깔에 따라 심리적 차별을 받아야 했지요. 중학교 교육과정
은 입시를 위주로 하는 주입식 경쟁 교육으로 변질되었고요. 또
과도한 사교육비를 부추기는 원인이 되어 왔어요.

　　고교평준화가 시행되면 학교를 선발 경쟁이 아닌 교육 경쟁의
장으로 끌어내는 전환점이 될 거예요. 이번 천안시 고교입시평준
화는 여러 교육 부작용을 해소하고, 교육을 정상화하는 계기가
될 것으로 믿습니다.

최　고교평준화 조례가 통과된 뒤 '하향평준화는 미신이다'고 말씀
하셨던데요. 그 근거가 무엇인지 궁금합니다.

김　일부 언론에서 평준화는 곧 하향평준화라고 기사를 쓰곤 하지
요. 하지만 그것을 뒷받침하는 학계 연구 자료나 실제 사례, 과학

적 통계가 없습니다. 연세대 강상진 교수를 비롯한 여러 학자들이 연구한 입시 결과 자료를 종합해 보면, 기본적으로 평준화는 비평준화보다 오히려 성적이 높게 나타난다고 합니다. 평준화가 되면 학력이 떨어진다는 주장은 근거가 없는 선동에 가깝다고 봐요.

최 얼마 전 초등학교 돌봄전담사들의 고용 안정 정책도 추진했는데요. 재정이 어려운 가운데 과감한 결단을 내린 까닭이 있겠지요?

김 교육의원 시절부터 학교 비정규직에 대한 관심이 많았어요. 그래서 15시간 미만의 초 단시간 돌봄전담사 200명을 무기 계약직으로 바꾸고, 나우누리소속 돌봄전담사 230명을 교육감이 직접 고용하도록 조치했습니다. 돌봄전담사들은 초등 저학년 아이들의 방과후 시간을 책임지는 선생님들이에요. 그분들 처우를 개선하고 고용을 안정화하면 어린 학생들 성장 발달 지도에도 큰 의미를 지닌다고 생각합니다.

최 마무리는 학부모들에게 드리고 싶은 말씀으로 해 주시지요.

김 충남 교육 발전은 선생님들만의 힘으로는 한계가 있어요. 학부모들이 함께 참여하여 아이들 성장 발달을 의논하고 소통할 때 교육을 확실히 혁신할 수 있겠지요. 산업사회의 낡은 학력관, 교육관을 벗어나야 합니다. 21세기를 살아갈 아이들에게 필요한 핵심 역량과 민주 시민으로서 자질을 길러 주는 일에 함께 나서 주시기 바랍니다.

2장

배움이 즐겁고
아이들이 웃는
학교

경상남도 교육감

박종훈

▸ 2015. 6. 4.

무상급식 중단으로 어려움을 겪고 있는 경남교육청에 왔습니다. 박종훈 교육감이 말합니다. 홍준표 도지사가 500억 원 무상급식 지원 예산을 중단하는 바람에 학교 현장의 혼란과 행정 불신으로 5조 원의 교육력 손실을 보는 것 같다고요.

앞으로 교육청이 160억 원을 더 부담해서라도 보편적 무상급식을 진행하고, 필요하면 사회적 합의기구의 결정에 따르자고 경상남도에 제안했답니다.

박 교육감은 무상급식을 지키려는 힘겨운 대응을 하면서도 지난 10개월 동안 도교육청 조직 축소 등 여러 묵은 과제들을 추진했네요. 특히 4개 고교평준화 지역의 학교 배정 방식을 내신성적 9등급별로 추첨하여 학교 서열화를 줄인 것은 평준화의 취지를 잘 살린 정책이라 생각됩니다.

지금까지 집중하고 앞으로도 추진할 과제는 "선생님을 아이들 곁으로" 돌려 드리는 것이랍니다. 무엇보다 교실 변화를 이루어서 아이들 배움이 즐겁게 하겠다는 것입니다. 저보다는 한 살 많지만 전국에서 가장 젊은 박종훈 교육감이 경남 행복교육을 활기차게 펼치기를 기원하며 2시간의 대담을 마쳤습니다.

1960년생으로 전국에서 가장 젊은 교육감이다. 정치외교학과를 졸업하고 정치학 박사 학위를
받았다. 사립고교 교사로 근무하다가 2002년 경상남도 교육위원으로 선출되어 8년 동안 의정
활동을 펼쳤다. 경남교육포럼 대표를 맡아 진로진학지도 연구와 버스도서관을 운영하기도 하였
다. 2014년 지방선거에서 전현직 교육감을 제치고 경상남도 교육감으로 당선되었다.

행복한 배움이
활기차게 일어나는
학교를 만들겠습니다

최창의 전국에서 관심을 갖고 있는 문제부터 이야기를 나누겠습니다. 경상남도에서 학생 무상급식비 지원을 중단해 소용돌이를 일으켰지요. 사실 우리나라에서 가장 먼저 무상급식을 시작한 곳이 경상남도 아닌가요?

박종훈 그렇습니다. 무상급식은 2007년도에 전국 처음으로 거창군에서 시작했습니다. 그 뒤 합천군을 비롯해 다른 지역으로 확대되면서 경남 전체에 시행되었지요. 의무교육의 요소인 수업료, 교과서 대금, 학습준비물 같은 지원은 중앙정부 결정에 따라 진행되었지만 무상급식만은 지방자치단체 차원에서 시작되었습니다. 경남 자치단체에서 시작해 전국으로 확산된 모범적인 복지 사례였지요. 그런데 지금은 전국에서 유일하게 경상남도만 무상급식이 중단되게 되었습니다. 안타깝게도 명예가 수치로 바뀌어 버린 것이지요.

최 경상남도 홍준표 도지사가 교육청이 쓴 학교 급식비를 감사하
겠다고 해서 두 기관 사이에 갈등이 불거지기 시작했지요. 어떤
까닭으로 그런 발상을 하게 되었다고 보세요?

박 지난 김두관 경남 도지사 때 급식비를 지원했는데, 도청이 70퍼
센트, 교육청이 30퍼센트 재원을 부담해서 진행했어요. 그런데 경
상남도가 분담하는 비율이 차츰 낮아지더니 2014년도 가을에는
50퍼센트밖에 못 주겠다고 공문이 왔더라고요. 그 뒤 홍준표 도
지사가 학교에 급식비 감사를 하겠다고 공격을 해 왔어요. 그러나
학교는 도청 관할이 아니에요. 학교를 감사한다는 것은 명백한 법
률 위반 행위입니다. 법률에 근거하지 않은 감사는 할 수 없다고
했지요. 그러자 경상남도가 급식비 지원 중단을 일방으로 선언했
어요. 홍준표 도지사가 연초 기자회견에서 대선 후보 출마를 선
언한 바도 있고, 도민들은 대체로 정치적 전략 차원에서 그런 조
치를 감행한 것이 아닌가 해석하는 것 같습니다.

최 홍준표 도지사는 정치적 목적으로 무상급식비 지원을 중단했
다지만 막상 학교와 학부모들은 상당한 혼란이 생겼을 텐데요.

박 경상남도가 부담하는 학교급식 지원 예산 500억 원가량을 안
주겠다 해서 일어나는 문제입니다. 그런데 이렇게 급식이 중단되
면서 도내 950개 학교가 겪는 혼란과 학부모가 가지는 불안, 행
정 불신 이런 것들을 따지면 교육력 손실은 500억 원이 아니라 5
조 원이라는 생각이 들어요. 현재 도내 학교급식비 미납율이 평

균 10퍼센트쯤 됩니다만, 하동군 같은 곳은 급식비 납부 거부 운동이 일어나 미납율이 30퍼센트가 넘습니다. 이러다 보면 급식이 파행으로 이루어지고, 연간 급식비 미납액이 200억 원 넘게 발생하게 되어 교육청으로서는 감당하기 어려울 수 있습니다. 학부모들이 홍준표 도지사에 대해 주민소환까지 이야기하고 있는데, 그만큼 학부모님들 분노가 커져 간다는 것을 말해 주는 것이지요.

최 앞으로 무상급식 문제는 어떻게 풀어 갈 건가요?

박 경상남도에서는 여전히 일정한 하위 계층을 대상으로 선별 급식과 선별적 복지를 주장하고 있는데, 도의회에서 중재안을 내놓은 게 있어요. 초등학교는 하위 70퍼센트, 중학교는 하위 50퍼센트 학생들만 무상으로 하고 나머지는 급식비를 받자는 것입니다. 이 중재안은, 교육감으로서 학교급식에 대한 철학이나 교육적 요소를 고려할 때 받아들이기 어렵다고 했어요. 대신 교육청이 160억 원을 더 내놓아 도청과 교육청이 50 대 50으로 분담해서 전체 무상급식을 진행하고, 내년부터는 사회적 합의기구를 만들어 합의하는 대로 따르겠다고 수정 제안을 하였습니다. 지금은 협상이 중단된 상태라 해결 기미가 없어서 걱정입니다.

최 급식문제로 어려운 상황 속에서 교육감 임기 1년이 되어 갑니다. 지금까지 가장 집중해서 추진해 온 정책은 무엇인가요?

박 교육감 임기 4년 동안 집중해 보고 싶은 것이 '선생님을 아이들

곁으로 돌려보내는 일'입니다. 선생님들이 아이들을 가르치고 보살피는 데 전념할 수 있도록 행정 잡무를 줄이려고 여러 방면으로 노력하고 있습니다. 일을 떠넘기는 방식이 아니라 일 자체를 줄여야 합니다. 그러자면 교육청부터 작게 만들어야겠다는 생각에서 교육청 인력을 70명 정도 줄였습니다. 그 인력으로 지역 교육청 학교지원팀을 만들어서 학교 교무실에서 맡던 방과후학교 강사, 기간제 교사 인력 충원 같은 절차적 업무들을 처리하고 있지요. 교육청 공문도 25퍼센트 정도 줄였는데, 아직은 현장에서 실감하지 못하는 것 같아요.

최 효율성 없는 행정 관행이나 학교 업무 가운데 과감하게 없애거나 고친 것들도 있는지요?

박 도교육청 연구시범학교를 모두 없앴습니다. 학교 평가도 도 주관 평가에서 학교 자체 평가로 바꾸었고요. 고입 선발고사는 당위성이 그다지 없어 폐지했습니다. 고교평준화지역에서 고입 배정 방법도 개선했어요. 선지원 방식이 왜곡되어서 특정 사립고교에 우수한 학생들이 몰리는 일이 벌어졌거든요. 이와 달리 공립학교는 더 침체되는 현상이 일어났고요. 그래서 중학생 내신 성적을 기준으로 등급별로 추첨 배정하는 방식으로 바꾸었더니, 성적이 높은 학생들과 낮은 학생들이 학교마다 고르게 배정되더군요. 모든 학교가 고르게 학생을 배정 받아 선의의 경쟁을 펼쳐 보자는 취지입니다. 출발점이 불평등하면 학교가 의욕을 가지기 어렵거든요.

❝ 교육감 임기 4년 동안 집중해 보고 싶은 것이 '선생님을 아이들 곁으로 돌려보내는 일'입니다. 선생님들이 아이들 가르치고 보살피는 데 전념할 수 있도록 행정 잡무를 줄이려고 여러 방면으로 노력하고 있습니다. 먼저 일을 떠넘기는 방식이 아니라 일 자체를 줄여야 합니다. 그러자면 교육청부터 작게 만들어야겠다는 생각에서 교육청 인력을 70명 정도 줄였습니다. ❞

최 교육감 임기 동안 학교를 이렇게 바꾸겠다는 목표를 구체로 밝혀 주시겠어요?

박 가르치는 법, 배우는 법, 수업 내용과 방식 들처럼 선생님들 노력으로 바꿀 수 있는 것부터 시작하려고 합니다. 가르침 중심에서 배움 중심으로 방향을 바꿔, 공부가 즐겁고 학교가 행복한 곳이 되게 할 겁니다.

　얼마 전에는 양산 지역 수학 선생님들과 수학체험센터를 만들었어요. 아이들한테 수학이 즐겁고 재미있는 과목이라는 걸 느끼게 하려는 거지요. 또 여기서 선보이는 프로그램이나 콘텐츠를 학교 교육에 적용하고 일반화시키면 교실을 바꾸는 중요한 계기가 되지 않겠어요? 과학 수업도 좋은 기자재와 시스템, 프로그램, 콘텐츠를 만들면 달라지거든요. 이런 일은 연구정보원과 학교 현장이 협업해 나가면 가능하다고 봅니다.

최 전국 여러 교육청에서 혁신학교 정책을 추진하고 있습니다. 경상남도 혁신학교인 '행복학교'는 어떤 방향으로 추진하고 있나요?

박 행복학교는 열한 곳을 지정했습니다. 또 '행복맞이학교'라고 해서, 행복학교 방식으로 수업을 꾸려 가거나 공부하려는 학교, 학년, 동아리 들을 70곳 지정했습니다. 행복학교는 교육청이 특정한 모델을 정하거나 기준을 제시하지 않았어요. 행복학교를 꾸려 가는 선생님들이 합의해서 만들어 가는 게 맞다고 생각했기 때문이에요. 그래서 학교 특수성과 지역 특성을 반영해 학교 자체에서 모델을 찾아 가고 있습니다. 제 욕심으로는 열한 곳 행복학교가 모두 저마다 다른 목표와 방향을 가졌으면 좋겠어요. 내부 구성원들이 합의해서 만든 목표라면 결코 비교육적일 수 없고 그 자체가 최고의 가치 아니겠습니까?

행복한 책읽기는 교육과정의 핵심

최 혁신학교 정책이 다양성은 살리되 철학과 목표, 주요 과제 들을 정해 일정한 모델로 추진해야 하는 것 아닌가요?

박 물론 도교육청에서 정한 목표와 큰 틀에서 지향점은 있지요. 다만 혁신학교의 가치는 추구하되 그 방법까지 너무 구체화해 제시하지는 말자는 겁니다. 앞서 나간 다른 혁신학교를 본보기로 삼되 그 틀에 너무 갇히지는 말았으면 하는 것이지요.

최 교육감 집무실에 책이 많이 있네요. '행복한 책읽기'를 경남교육 중점 과제로 강조하고 있던데요.

박 희망하는 학교에 '한 학교 한 책 읽기' 운동을 권장하고 있습니다. 학교 공동체가 한 가지 책을 정해 학생과 교직원들이 함께 읽는 운동이지요. 그러면 책 속 상황과 생각을 공유하게 되고, 이야깃거리가 되어 공동체 결속을 강화하는 효과가 생깁니다. 또 정책 과제로 삼은 '행복한 책읽기'는 학교에서 운영하는 교육과정의 핵심이 되어야 합니다. 독서에 바탕을 둔 학습, 도서관 활용 수업들은 교실을 염두에 둔 것입니다. 즐겁게 읽고 그것이 생활 속에 습관이 되는 독서 문화를 꿈꾸고 있습니다.

최 전국에서 처음으로 도교육청이 운영하는 특수교육원을 개설하였지요?

박 네. 경남 밀양에 있는데, 관심이 많은지 개원할 때 여러 시도 교육청과 교육부에서 많은 분들이 왔더군요. 특수교육은 체험 중심으로 이루어지는 것이 바람직해요. 특수교육원이 해야 할 가장 중요한 기능은 장애 학생들이 실제 체험을 하면서 장애를 이겨내는 힘을 기르는 것이에요. 사실 장애 학생에게 가장 바람직한 배려는 도움 못지않게 자활 능력을 길러 주는 것입니다. 지금 특수교육원에서는 장애 학생들의 체험 학습과 진로 탐색 두 가지를 주로 합니다. 그 뒤 특수교육 분야 연수를 추가할 계획을 갖고 있습니다.

최 시군 교육청 교육장 공모제에 주민추천제를 덧붙인 건 경상남도에서만 하는 독특한 인사 방식입니다. 지역 주민 참여를 북돋우고 교육자치를 확대하는 차원에서 의미가 큰 것 같습니다.

박 주민추천제는 교육장 공모할 때 30명이 넘는 주민들 추천을 받는 제도입니다. 교육장 공모가 많은 사람들이 참여하는 속에서 검증하는 형태까지는 안 되었지요. 애초에는 인사 공청회까지 생각해 보았는데, 부담이 크면 아무도 응모하지 않을 것 같아 미뤄 두었습니다. 이번에 두 지역에서 교육장 주민추천제를 시행했는데, 만족할 만한 정도는 아니지만 시도하는 자체에 의미가 컸습니다. 앞으로 이 제도를 다섯 개 시군 교육청으로 확대할 생각입니다.

최 학교급식 문제로 걱정이 많은 학부모와 도민들한테 마무리 인사를 해 주시지요.

박 그동안 무상급식 중단 사태로 심려를 끼쳐 드려 송구스럽습니다. 급식 문제에 발목이 잡혀 교육 현안과 미래 설계에 소홀하지 않았는지 살펴보고 있습니다. 급식은 급식대로 풀어 가면서 교육의 본질을 되찾고 미래 희망을 일구는 데 최선을 다하겠습니다. 지금까지 힘든 일을 견뎌 주셨듯이 조금만 더 기다려 주십시오. 행복한 배움이 활기차게 일어나는 학교를 꼭 만들어 드리겠습니다.

ㅁ

전라북도 교육감

김승환

▶ 2015. 6. 29.

전북 김승환 교육감과 대담을 나누었습니다. 유아누리과정 무상보육비 문제를 가장 먼저
꺼냈습니다. 그 많은 공격을 받아 가면서까지 무상보육 예산을 편성하지 않고 꿋꿋이 버텨
간 까닭을 물었습니다.

김 교육감은 엄연히 정부가 약속하고 책임져야 할 무상보육 예산을 지방교육청에 시행령으
로 떠넘기는 것은 법률 위반이라는 것입니다. 또 과도한 예산 편성으로 지방교육재정이 파
탄 나면 그 무능을 교육감들에게 미뤄 지방교육자치를 무력화시킬 수 있기 때문이랍니다.

무상보육비 문제는 끝난 게 아니라고 하네요. 잠시 휴전일 뿐이라 합니다. 10월쯤에 내년
도 무상보육비 예산을 책임지지 않으면 다른 교육감들까지 함께 나서 더 큰 저항이 일어
날 수밖에 없을 거라 말합니다.

김 교육감은 모든 사람들이 소중하지만 특히 아이들을 정중하게 대하는 사회가 되었으면
한답니다. 그러기 위해 우리 어른들이 욕심을 버리고 감동을 주는 삶을 살아야 한다고 말
합니다. 좌우명이 "여한 없이 살자"라는데 진정성을 갖고 일하는 모습에 걸맞다 싶습니다.

1954년생으로 법학을 전공하고 전북대학교에서 법학교수로 재직하였다. 전북평화와인권연대 대표를 지냈으며 KBS 전주방송국 〈포커스 전북 21〉 시사프로를 진행하기도 하였다. 2010년 전라북도 교육감 직선에 출마해 당선된 이후 2014년도에 재선출되었다. 페이스북에 날마다 교육감으로서 일상을 기록하며 2016년 6월 《교육감은 독서중》이라는 책을 펴냈다.

배움이 즐겁고
따뜻한 보금자리 같은
학교를 만들겠습니다

최창의 만 3세에서 5세 유아에게 공통으로 제공하는 교육, 보육 과정인 누리과정 무상보육비 예산을 정부가 교육청에 떠넘긴 데 홀로 맞서고 있는데, 요즘은 어떻습니까?

김승환 지금 정부와는 잠시 싸움을 멈춘 상태이지요. 6월 23일, 새정치민주연합 문재인 대표와 누리과정 공동선언 전까지 누군가의 도움을 빌려서 한 게 없어요. 나 혼자 힘으로 간 거예요. 앞으로 몇몇 교육청에서 누리과정 예산 파행 문제에 대응하겠다는 분위기입니다. 일고여덟 군데 교육감은 함께할 수 있겠다는 생각이 들어요.

최 어린이집 누리과정 예산을 떠안게 된 것은 전국 교육청에 다 해당되는 사안입니다. 그런데 전북교육청만이 홀로 마지막까지 예산을 편성하지 않는 까닭이 있을 텐데요.

김 첫 번째는 정권이 어린이집 무상보육비를 가지고 헌법 질서를 무너뜨렸다는 거예요. 어린이집 무상보육비는 법률에 뚜렷이 정부가 책임져야 할 예산으로 되어 있어요. 그런데 하위법인 시행령으로 교육청에 예산 편성을 떠넘겼어요. 이것은 법률을 짓밟는 것이거든요. 그래서 누군가는 아니라고 또렷하게 말해 줄 사람이 필요하다는 게 본질이고 가장 중요한 까닭입니다.

현 정부가 그다음에 노리는 건 지방교육재정을 파탄 내겠다는 거예요. 거기에는 지방교육자치를 못 하게 하려는 의도가 있어요. 누리과정 예산 부담으로 지방교육재정이 무너지는 것은 시간문제입니다. 그다음에 따라오는 것이 책임 문제잖아요. 재정 파탄을 교육감들의 무능력, 무책임 탓으로 돌리면서 지방교육자치를 끝내려 들 겁니다.

최   문재인 대표와 누리과정 예산에 관해 공동선언을 발표했는데요. 교육감으로서 어떤 의미를 두는 건가요?

김   새정치연합에서 요청이 왔는데요. 공동선언 하기 전에 "누리과정 시행령을 폐기하도록 하겠다. 2016년도 누리과정 무상보육비 지방채 발행 편성은 당력을 기울여 막겠다. 당에서 할 일을 교육감이 하고 있었다."라고 말했으니 최소한의 정치 신의는 지킬 것 아니에요. 누리과정의 부당한 예산 편성에 함께 맞서려는 다른 교육감들에게도 의지가 되겠다 생각해 받아들였습니다.

최   내년도 누리과정 무상보육비 문제는 어떻게 대처할 계획인가요?

김 확실한 건, 다른 교육감들과 함께 2016 회계연도 어린이집 누리
과정 보육비는 편성하지 않겠다는 거예요. 현재 상황으로는 어떤
선택지가 없어요. 그때 가서는 제1야당도 타협하자고 할 수 없다
고 봐요. 분명히 당 대표가 지방까지 내려와서 시행령을 폐기하기
로 약속한 사안입니다.

최 재선되어 5년째 교육감을 하고 있는데요. 지난 임기를 돌아볼
때 의미 있는 변화라면 무엇을 꼽을 수 있을까요?

김 첫 번째를 들자면 오물을 다 걷어 내고 청정수로 바꾸었다는 거
예요. 그전까지만 해도 전북 교육이 부정비리로 얼룩져 있었거든
요. 2010년도에 교육감 취임하면서 100원짜리 한 개도 안 받겠다
고 말했어요. 그 뒤로 2012년도에 국가청렴위 시도교육청 평가에
서 3위를 했어요. 깨끗해지니 교원도 일반직도 자기 삶에 떳떳해
지고 자존감이 높아진 것 같아요.

두 번째는 혁신학교인데, 우리 아이들이 즐겁게 배우는 교실을
만드는 데 목표를 두었어요. 철저히 지원만 하고 틀을 짜거나 간
섭을 하지는 않도록 했지요. 교사가 가진 전문성을 믿고 갔더니
성과가 컸던 것 같습니다.

최 결국 교육에서는 사람이 중요한데요. 교육공무원들과는 어떤
방식으로 소통하고 협력을 이끌어 내었는지요?

김 누리과정 문제보다 고통스러운 게 인사 문제입니다. 자리는 있

는데 사람이 없을 때 고통스러워요. 교육계가 사람을 키우는 곳인데 사람을 키우지 않는 거예요. 그래서 일할 수 있는 기회를 주고, 일도 단순 작업이 아니라 자기 생각을 갖고 일하도록 했습니다. 자기 일터에서 즐겁고 보람과 존재감을 느끼는 게 중요하지요. 그래서 교육청 공직자들에게 일하는 방법을 알게 하고 자기 생각을 자꾸 끌어내도록 신경을 썼어요.

최　처음 교육감을 하던 4년 동안에는 교육부와 긴장 관계가 자주 있었지요. 주로 어떤 문제들이었나요?

김　지난 정부 때 교육과학기술부 장관이 저를 검찰에 고발한 것이 일곱 차례입니다. 또 보수적인 교육단체가 일제고사 거부한다고 고발하거나 출근을 막은 일도 있고요. 그때도 시행령 국가 체제였어요. 대통령령인 '교원 등 연수에 관한 규정'에 '교원능력 개발평가'를 억지로 집어넣더라고요. 또 '전교조교사 시국선언 징계 요구', '일제고사 대체 프로그램 금지', '학교폭력 학생부 기재' 같은 중요한 교육 문제들을 장관의 훈령으로 지시했잖아요. 하지만 저는 교과부가 이상한 지침을 내리면 법률에 맞는가 틀리는가 검토했어요. 상위법령에 근거가 없거나 어긋나는 시행령은 당연히 거부했지요.

최　교육감이 교육부와 대립하면 여러모로 어려움이 많을 텐데요. 더욱이 검찰 조사까지 받으면서도 뜻을 굽히지 않는 까닭은 무엇입니까?

김 부당한 일을 눈감고 받아들이면 교육감 혼자는 편하겠지요. 충
돌하거나 거부하지 않아도 되니까요. 하지만 거기에 해당하는 교
사들과 아이들한테 피해가 되잖아요. 교육감이 화살을 맞아 버리
면 교사와 아이들은 화살 맞을 필요가 없지 않겠습니까? 그래서
불편하긴 했지만 두려움은 없었어요. 왜 두려움이 없는가 했더니
제 마음속에 욕심이 없더군요.

최 교육감으로 다시 당선되어 1년이 지났습니다. 재선 교육감으로
서 힘을 기울여 추진하는 일은 무엇인가요?

김 그동안에 학부모 교육을 상당히 강화해 왔어요. 학부모들이 교
육 권력에 농락당하지 않도록 눈을 밝혀 주고, 귀를 열어 주려 노
력한 겁니다. 학부모들이 자기 말을 할 수 있는 능력이 중요합니
다. 그래서 이른바 '똑똑한 학부모 만들기' 강좌를 많이 열고 있
어요. '우리 아이 어떻게 기를까' 하는 기본 내용 말고도 이 시대
를 살아가는 지식인으로서 필요한 철학, 역사, 예술, 문학을 들여
다보게 했어요. 학부모들이 똑똑해지면 어떤 교육감이 되든 교육
권력에 농락당하지 않게 됩니다.

최 혁신학교를 시작한 지 5년이 흘렀습니다. 궁극으로 무엇이 달라
진 겁니까?

김 제가 생각하는 혁신학교는 교육 본질을 회복해 나가는 학교입

니다. 교육의 본질은 가르침과 배움이 있고, 성장이 있는 거예요. 교사에게 가르치는 즐거움은 세상 어떤 자리에서도 찾을 수 없는 즐거움 아니겠어요? 가르침 속에서 사람의 성장을 일구어 내고 변화를 가져오거든요. 교사는 아이들이 성장하는 걸 보면서 눈물을 흘리잖아요. 아이들은 교사의 눈물을 먹고 자랍니다. 그런 교사 밑에서 자라는 아이들은 배움이 즐겁고 짜릿할 것입니다. 이것이 혁신학교가 변화된 근본 모습입니다.

아이들 만나는 행복

최 교육감님이 줄곧 추구하고 그리는 학교상은 어떤 모습입니까?

김 아이들에게 학교는 언제나 가고 싶고, 들어가면 편안해야지요. 배움이 즐겁고 정말 따뜻한 보금자리이자 둥지 같은 곳이어야 합니다. 학교에 가면 모든 세포가 깨어나고, 상상력이 발동해야 하지요. 학부모는 아이가 학교에 간다 하면 그때부터 기분이 좋아져야 합니다. 세상에서 가장 좋은 곳, 안전한 곳으로 보낸다는 확신이 들어야 하는 것이지요. 이것이 결국 혁신학교를 통해 얻어 내고자 하는 것 아닐까요? 아니 혁신학교 타이틀이 없더라도 해낼 수 있어야 하는 것이지요.

최 김승환 교육감님은 아이들을 무척 좋아하는 분으로 소문이 났습

“ 교사에게 가르침의 즐거움은 세상 어떤 자리에서도 찾을 수 없는 즐거움 아니겠어요? 가르침 속에서 사람의 성장을 일구어 내고 변화를 가져오거든요. 교사는 아이들이 성장하는 걸 보면서 눈물을 흘리잖아요. 아이들은 교사의 눈물을 먹고 자랍니다. 그런 교사 밑에서 자라는 아이들은 배움이 즐겁고 짜릿할 것입니다. 이것이 혁신학교가 변화된 근본 모습입니다. ”

니다. 페이스북에도 가끔 아이들 만나는 이야기가 올라오던데요.

김 저는 천성인지 몰라도 아이들 만나는 걸 매우 좋아해요. 만약 아이들과 만남, 접촉, 사랑 나누기가 없었더라면 벌써 쓰러졌을 거예요. 제가 교육부와 맞서 검찰, 경찰에 불려 다닐 때 아이들이 "교육감님 힘내세요. 힘!" 하면서 손을 치켜들 때 그 표정이 정말 절박해요. 그런 에너지를 누가 줄 수 있겠어요. 이런 아이들 만나는 게 그렇게 행복하고, 치유가 되고, 그래서 버티는 것 같아요. 누구에게나 엄마가 필요하다고 말했지요. 제 경우에는 아이들이 엄마입니다.

최 임기 중에 한 학교도 폐교하지 않은 걸로 알고 있습니다. 최근 교육부가 교원 감축 방침을 내세워 학교 통폐합을 하고 있는데, 작은 학교를 지켜 나가려는 교육 철학이 있겠지요?

김 정부가 생각하는 대로 학교를 통폐합하기는 어려울 거라고 봐요. 학교가 단순하게 아이들 공부만 가르치는 곳이 아니라고 생각해요. 그 지역사회의 정신적 구심체 역할을 하고, 문화공동체의 핵심이기도 하지요. 마을 어른들은 학교가 있어서 안정감을 느끼고 미래의 희망을 품게 됩니다.

폐교가 일어서고 젊은이들이 다시 살게 되면서, 마을 어른들이 아이들 소리 듣는 맛으로 산다고 하시거든요.

최 역사 교육을 강조하고, 최근에는 전국 최초로 탈핵 교과서를 만드셨다고 들었습니다.

김 교육감이 되어서 역사 교과서를 살펴보니까 변죽만 울리는 수업 연구식 역사더라고요. 그래서 아이들에게 진정한 역사의식을 심어 줄 수 있는 책을 만들어 보자 했지요. 아이들에게 가르치려고만 들지 말고 사실을 정확하게 전달하면서 판단은 스스로 하도록 하자는 겁니다. 그렇게 첫 번째로 지난해에 나온 책이 《동학농민혁명 교과서》이지요. 두 번째는 《일제 강점기 전라북도》이고, 올해 나온 책이 《탈핵 교과서》입니다. 《탈핵 교과서》는 전국으로 보급되고 있습니다.

최 끝으로 교육과 관련된 사람들에게 한 말씀 해 주세요.

김 어느 누구든 중요하지 않은 사람이 없겠지만, 가장 섬세하게 바라보고, 가장 정중하게 대하고, 가장 소중하게 보호받아야 할 존재가 바로 우리 아이들이라고 생각합니다. 선진국에 가서 가장 크게 느끼는 것이 '어쩌면 이렇게 아이들에게 정중한가'예요. 이런 사랑을 받고 이처럼 존중을 받으며 자란 아이들이 어른이 돼서 어떻게 살아갈 것인가 예측이 되는 겁니다. 거기에 대면 우리 대한민국은 아이들을 너무 거칠게 대해요. 너무 함부로 다루고 있어요. 아이들이 행복한 교육을 위해서는 어른들이 욕심을 버리고 때로 소중한 것들을 던질 줄 알아야 되겠습니다. 특히 권력자들이 수많은 정책을 만들면서 아이들 삶에 미치는 영향이 뭔가 꼭 판단을 해 주어야 한다는 겁니다.

충청북도 교육감

김병우

▶ 2015. 7. 24.

빗길을 달려 충북교육청에 왔습니다. 김병우 교육감은 취임 일주년을 맞는 감회가 남다른 모양입니다. 선거법 위반 혐의로 23번의 재판을 받으면서 충북 교육의 새 그림을 그려 왔기 때문입니다.

그날도 재판에 시달려 찌든 모습으로 출근하는데 교육청 현관의 '아이들이 웃으면 행복해집니다'라는 표어가 한눈에 들어왔답니다. 그다음부터 학생들을 만나면서 기운을 내고 아이들이 웃는 학교를 만들기 위해 여러 정책을 펼쳐 왔다고 합니다.

시험을 이기는 행복한 공부를 실현하기 위해 0교시 수업, 도단위 평가, 고입선발 등을 폐지하고 행복씨앗학교를 추진하고 있답니다. 하지만 충북이 오랫동안 실적 위주의 보수적인 교육 풍토에 묶어 있다 보니 혁신 속도가 기대만큼 못 미친다는 비판도 있는 모양입니다. 지금은 반대하는 사람들의 의심을 가시게 하는 일에 힘쓰고 있답니다. 지지하는 분들에게는 조금 늦더라도 의지가 변한 건 아니니 기다려 달라고 합니다.

1957년생이며 충청북도내 중학교에서 아이들에게 국어를 가르쳐 왔다. 1987년도에 도종환 시인 등과 충북지역의 교육 운동을 이끌며 2000년 전교조 합법화를 이루고 초대 충북지부장을 지냈다. 2010년도부터 충북 교육위원으로 4년간 교육의정활동을 펼쳤다. 충북교육발전소를 결성하여 상임대표로 일하다가 2014년 충청북도 교육감에 당선되었다.

아이들이 웃으면
학교가 밝아지고
세상이 행복해집니다

최창의 만나서 반갑습니다. 교육자인 이오덕 선생님하고 귀한 인연이 있다고 들었습니다.

김병우 제가 다닌 초등학교가 저희 집에서 고개를 두 번 넘어가야 되는 폐광촌에 있었어요. 경북 상주에 있던 이안서부초등학교라고요. 1학년 때 담임선생님이 2학기에 병가를 내셔서 교감이셨던 이오덕 선생님이 한 학기를 맡아 주셨지요. 그런데 이오덕 선생님이 유명한 분이라는 것을 알게 된 것은 중, 고등학교 때였어요. 나중에 선생님이 쓰신 글쓰기 책들을 보면서 그 어린 나이 때에도 무엇인가 다르다는 느낌을 받았어요. 그 뒤로 계속 찾아뵙게 되었지요.

최 그때 동무들도 이오덕 선생님을 기억하는가요?

김 몇 해 전, 40년 만에 이안서부초등학교 동창 모임이 있었어요. 옛 생각이 나서 이오덕 선생님이 펴낸 《일하는 아이들》에 실린 친구들 글을 복사해 가져갔지요. 그랬더니 '이오덕 교감선생님이 코를 닦아 주셨다, 안아 주셨다' 그런 이야기들이 마구 쏟아지더라고요.

최 교육감이 되기 전에는 학교에서 아이들을 가르치고 교육의원도 지냈지요. 처음부터 교육감에 나설 생각은 아니었다고 들었습니다.

김 저는 교사들이 조직 활동이나 교육 운동을 해 나가는 것뿐 아니라 교육자치의 주도권을 잡는 시도도 해야 한다고 말했어요. 그렇지만 교육감 주자 역할은 제 몫이 아니라고 생각을 했지요. 그런데 막상 대안으로 생각했던 도종환 시인이 극구 사양을 하는 바람에 몇 번을 고민하다가 제가 그 도구라도 되어야겠다 싶어 두 달 앞두고 출마를 결심했어요.

최 그때 첫 출마한 교육감 선거에서는 한 번 떨어졌지요? 그 뒤 4년 동안 빈 시간이 있었는데요.

김 두 달 만에 선거를 치렀는데도 득표율 34퍼센트로 2위를 하니까 사람들이 깜짝 놀랐지요. 그 뒤로 4년 동안 '충북교육발전소'라는 교육단체를 만들어 꾸준히 활동했어요. 다음 교육감으로 유력한 사람이 교육 운동을 한다니까 선거 관련 기구라는 말도 있었지만 쟁점이 되지는 않았어요. 그러다가 교육감에 당선되자 상대 후보들이 그것을 물고 늘어진 거예요. 그래서 지금까지 선거법 위반 혐의로 재판을 스물세 차례나 받으면서 곤욕을 치렀습니다.

최 젊은 교사 시절부터 교육 운동을 시작하게 되었는데요. 삶에 변
화를 준 어떤 계기가 있었나요?

김 교사 발령을 받고 근무하다가 1980년 5월 20일, 군대에 들어갔
어요. 논산훈련소에서 12시 뉴스에 5·18 광주 이야기가 나오더라
고요. 그리고 신병 훈련을 마친 뒤 처음 배치된 부대가 민간 선전
활동을 하던 광주 31사단이에요. 홍보 업무를 할 사람을 찾고 있
었는데 제가 가자마자 기다렸다는 듯이 그 일을 맡기는 거예요.
그다음부터 사단장 훈시문 쓰기, 신문 만들어 홍보하기, 정신교육
교안 짜기 들을 했지요. 전두환 군부가 미국에 갔다 온 뒤에는 레
이건 대통령한테 보내는 충성 편지를 꾸며 쓰기도 했어요. 앞뒤
모르고 충성을 다한 뒤 제대하고 나서야 광주민주화운동의 진실
을 알게 되었어요.

최 시대의 진실을 알면서 참된 교사의 길을 고민한 거군요.

김 나중에 광주민주화운동 사진을 보니까 정말 너무나 끔찍했는
데, 제가 그 전두환 군부를 위해 봉사하는 군생활을 했던 거예요.
또 교사로 복직해서는 군대에서 익혀 온 '빳따' '얼차려' 같은 것
을 써 가며 아이들을 잡도리했는데 이것이 얼마나 부끄러운 짓인
가를 알게 되었어요. 그 뒤 흥사단 교사 모임 같은 데 가서 교육
민주화 선언, 민중교육지 들을 보며 얼마나 역사에 죄를 짓고 아

이들에게 어리석은 짓을 했는지 깨우치게 된 것이지요. 그때부터 참교육 운동에 뛰어들었습니다.

최 아픈 시대 현실과 교육 경험을 거쳐 교육감까지 이르게 되었네요. 교육감이 된 지 1년이 지났는데 이 일이 행복하신지요?

김 교육감이 되고 나서 한동안은 그리 편치 않았어요. 선거 끝난 뒤부터 선거 관련 진정, 고발로 여러 번 재판에 나갔지요. 또 교육감으로서 할 일은 산더미 같은데 할 수 있는 일은 별로 없었어요. 그 가운데서도 정작 내가 하고 싶은 일은 더 적은 거예요. 보람을 느낄 만한 무엇인가를 찾아야 행복해질 것 아니에요? 그러다가 어느 날 출근을 하는데 우리 교육청 현관 이마에 답이 있는 거예요. '아이들이 웃으면 세상이 행복합니다' 이런 표어예요. 그래서 교육감 직무 자체는 힘들어도 아이들을 행복하게 해 주면 되겠다 생각했어요. 아이들이 행복하면 선생님들도 표정이 환해질 테고 학교가 밝아지겠지요. 그러면 저도 덩달아 행복해지겠다 싶으니 마음이 후련해졌습니다.

최 아이들이 행복한 교육을 위해 끊임없이 고민했을 텐데요. 지금까지 어떤 일을 했더니 아이들이 많이 웃고, 학교생활을 즐거워하던가요?

김 아이들의 고통 지수를 줄여 주는 일부터 시작하기로 했어요. 가장 먼저 한 것이 '0교시 폐지'였어요. 다른 시·도에서는 9시 등교

" 어느 날 출근을 하는데 우리 교육청 현관 이마에 답이 붙어 있는 거예요. '아이들이 웃으면 세상이 행복합니다' 이런 표어예요. 그래서 교육감 직무 자체는 힘들어도 아이들을 행복하게 해 주면 되겠다 생각했지요. 아이들이 행복하면 선생님들도 표정이 환해질 테고 학교가 밝아지겠지요. 그러면 저도 덩달아 행복해지 겠다 싶으니 마음이 후련해졌습니다. "

로 등교 시각을 못 박아 놓았는데, 우리는 0교시 폐지라고 해서 학교에 따라 유연하게 할 수 있게 했어요. 또 그동안 충북에는 고등학교 입시가 있었어요. 그 입시를 없애고, 일제고사도 없애서 고통 지수를 줄여 주었지요. 최근에는 아이들의 인권 감수성이나 인권 의식을 길러 주는 일을 해 보려고 합니다.

행복환소문 교육감상을

최 사람들은 과거에 충북 교육이 내세운 등수에 대해 기억을 많이 하고 있는 것 같아요. 이를테면 학업성취도평가 5년 연속 1위, 시도교육청 평가 4년 연속 우수 같은 것들이지요.

김 학업성취도라든지 소년체전 7연패 같은 것은 목표에 따라 물불을 안 가리고 이뤄 낸 결과일 수 있어요. 저는 그것이 사상누각이라고 생각해 왔어요. 학업성취도 5년 내리 1위를 새겨 놓은 기념비를 보면서 '옳지 않다, 자랑스럽지 않다, 오히려 저것은 부끄러운 성과가 있었던 흔적이다' 그렇게 생각을 합니다. 저는 성과를 위해서 뒤로 고통을 강요하는 일을 하지 않겠다고 선포를 했습니다. 그런데도 이번에 시도교육청 평가에서 최우수 교육청이 됐어요. 우리가 가장 크게 앞선 것은 교육수요자 만족도였습니다. 하지만 이것 역시 자랑이 아니고 우리의 책임이라고 받아들였습니다.

최 등수나 실적을 견주어서 경쟁을 부추기는 것보다 새로운 교육 전망을 제시하는 것이 중요하다는 거군요.

김 제가 그리는 교육감상이 다섯 가지인데 '행복환소문'입니다. 행복교육감, 복지교육감, 환경교육감, 소통교육감, 문화·예술교육감이 되겠다는 거예요. 특히 소통교육감이 되려고 접견이나 면담을 가림 없이 했어요. 진보니, 보수니 아예 구별 없이 만났으니까요. 심지어는 간부 회의까지도 공개하면서 소통을 하는 데 애를 썼어요.

최 김병우 교육감님이 뽑힌 것은 혁신을 바라는 사람들의 열망이 반영되었다는 생각이 듭니다. 그런데 기대보다 혁신 속도가 너무 느린 것 아닌가 하는 사람들도 있다고 합니다.

김 제가 이번 선거에서 진보 후보라는 것을 앞세우지 않고 선거 캠프도 무지개 군단으로 꾸렸습니다. 당선되고 나니 여러 곳에서 요구가 올라오더군요. 지지자들 기대와 반대자들 우려가 엇갈렸지요. 저는 그때 지지자들에게는 조금 기다려 달라고 했어요. 염려하는 사람들 걱정부터 덜어 주는 것이 필요하다고 했지요. 이제 임기 1년이 지나면서 차츰 개혁을 추진해 검찰도 못 밝힌 교육계 비리도 밝혀냈습니다. 앞으로 시기와 준비 정도를 따져서 슬기롭게 혁신 정책을 펼쳐 나갈 겁니다.

최 경기교육청, 전북교육청을 비롯해 혁신 교육감들이 취임한 곳에서 대부분 '학생인권조례'를 만들었지요. 그와 달리 충북은 '교육

공동체헌장'을 추진하고 있는데요.

김 조례든 규칙이든 자치 입법을 정하는 것 자체가 목표일 수는 없다고 봐요. 그것이 어떤 의미를 가지는지, 실효성이 있는지가 중요하기 때문입니다. 이전에는 교육 주체 가운데 약자인 학생들 인권부터 보장하면 다른 것은 저절로 되지 않겠나 싶었어요. 그런데 교사들의 교권과 부딪히고 학부모들이 교육권이 침해된다고 주장하기도 하잖아요. 그래서 저희는 모든 교육 주체를 포괄한 공동체헌장을 제정하는 것이 더 의미가 있다고 생각했습니다.

최 충북에 있는 기숙형 중학교는 작은 학교들을 통폐합해서 만든 학교더라고요. 이미 두 곳이 있고, 세 곳이 더 만들어질 계획인데 교육시민단체는 반대 의사를 밝혔습니다.

김 기숙형 중학교는 전임 교육감 시절에 중앙정부가 학교 통폐합을 하기 위해 내민 유인책이었어요. 한 학교를 살리기 위해서 다른 학교들을 다 없애 버리는 것인데, 이것은 지역을 살리는 방향에서나 교육적으로도 옳지 않아요. 하지만 이미 전임 교육감이 저질러 놓고 합의까지 끝낸 것을 다시 되돌리려면 엄청난 파장이 일어날 수밖에 없어요. 그래서 두 곳은 그대로 추진하지만 더 이상 확대하지는 않을 겁니다.

최 충북의 교육재정은 매우 열악한 것으로 알고 있습니다. 최근에는 어린이집 무상보육비 예산 부담으로 교육청이 많은 고통을 겪고 있는데요.

김 정말 이대로 가다가는 도단위 교육청들은 다 간판 내려야 된다는 말이 나올 것 같아요. 교육청에서 필수 교육예산이 부족한 것은 정말 심각한 문제입니다. 정부는 공약으로 내세웠던 교육복지예산을 지방교육청에 다 떠넘기고 있고요. 얼마 전 교육감들이 비명을 지르다시피 해서 겨우 누리과정 예산은 위기를 넘겼지요. 교육예산 부족은 모든 국민의 문제이고 국민들이 저항하지 않으면 어렵겠다 싶어요. 지난번 전국시도교육감협의회에서는 교육감들이 교육부장관과 끝장토론을 벌여 교육재정 부족 문제에 대해 담판을 짓자고 요구했을 정도입니다.

최 지금까지 이야기를 나누면서 교육감님의 포부와 정책을 잘 이해할 수 있었습니다. 마지막으로 덧붙이고 싶은 것이 있으면 말씀해 주시지요.

김 지난해 지방선거는 유권자의 이름으로 시대적인 요청을 교육계에 내린 것이라고 생각합니다. 우리 교육 이대로는 안 된다는 것이지요. 미래의 주인공인 우리 아이들에게 새로운 방향과 전망을 제시해 달라는 소명을 내려 준 선거였어요. 여러분이 온 마음으로 기대하고 선택해 준 소망을 이루기 위해 교육청과 선생님들이 애쓰고 있습니다. 우리 학교와 교원들을 믿고 응원해 주시면 행복한 교육으로 응답해 드릴 것입니다.

인천광역시 교육감

이청연

▶ 2015. 8. 5.

한여름 오후, 이청연 인천 교육감과 대담을 하였습니다. 교육감 취임 이후 110차례 넘게 학교 현장을 방문하고, 일주일에 두 번씩 아이들을 만나고 있답니다. '현장에 답이 있다'는 철학으로 이렇게 움직이는 것입니다. 월요일에 등교맞이로 만나는 초등학생들에게 '내가 누군지 아느냐?' 물으면 위아래를 훑어본 뒤 'X맨'이라 한다고 해서 한바탕 웃었습니다.

강화군 중학교 1학년 학생들 의무급식 예산이 인천시의회에서 잘려 나갈 때는 울컥 눈물이 났답니다. 의욕 있게 추진하려는 핵심 사업인 혁신학교, 혁신교육지구, 무상급식 예산이 시의회에서 뭉텅 삭감되는 바람에 어려움이 많은 모양입니다. 그래도 꾸준히 시의원들을 설득하고, 행복배움학교 운영을 통해 시민들의 지지로 난관을 헤쳐 나가겠답니다. 묵직하게 뚜벅뚜벅 아이들만 생각하며 나아가겠다고 합니다.

1954년생으로 인천시내 초등학교에서 교사로 25년 동안 아이들을 가르쳤으며 2014년도에 인천시 교육감으로 당선되었다. 2006년부터 인천광역시 교육위원으로 교육의정활동을 펼쳤으며, 친환경무상급식 안전지킴이 공동단장을 역임하였다. 2010년도 교육감 선거에서는 0.3% 근소한 차이로 낙선한 뒤 3년 동안 인천시 자원봉사센터장을 맡아 일했다.

우리 교육 문제는
현장에 답이 있습니다

최창의 이청연 교육감님은 학교를 많이 방문하신다고 들었습니다. 한 해 동안 학교를 110군데 정도 다녀왔다고 알고 있습니다.

이청연 학교를 부지런히 찾아다니는 까닭은 한마디로 '우문현답'이에요. 곧 '우'리 교육 '문'제는 '현'장에 '답'이 있다는 신념과 철학으로 시작한 겁니다. 현장과 동떨어진 정책을 펼친다면 실패할 확률이 높겠지요. 제가 교사 출신이라서 그런지 몰라도 아이들을 만나면 신나고 행복해요. 그러면서 초롱초롱한 저 아이들을 어떻게 지켜야 될 것인가, 아이들 미래를 어떻게 열어 줘야 할까, 이런 고민들을 하지요. 정말로 아이들과 선생님들 편에 서서 일을 해야겠다는 각오가 늘 새로워집니다.

최 월요일은 초등학생들 등교맞이를 하고, 금요일에는 야간 자율학습 하는 고등학생들을 만나신다고요.

이 우리 인천시교육청 중점 정책이 안전하고 평화로운 학교예요. 아이들 지키는 일은 교육감이 솔선수범해야겠다는 생각에서 시작했어요. 학교 앞에 가면 등교길 안전을 도와주는 녹색어머니회 원들에게 고마운 인사도 전하고, 선생님들도 격려를 합니다. 저녁에는 일반계 고등학교를 자주 갔는데 아이들이 늦게까지 공부를 하니까 저녁을 같이 먹을 때가 있어요. 아이들하고 밥을 먹으면서 이야기를 나누다 보면 짧은 시간이라도 의미가 있지요. 학생들이 삶에 변화를 만들어 달라거나 학교생활에 대한 참신한 제안을 해 준 소중한 기억들이 있네요.

최 원래 교육감을 하기 전에는 초등학교 교사를 하셨지요. 그때는 무서운 선생님이었을 것 같습니다.

이 한때는 무서운 선생이었는데 되돌아보니까 권위주의 교사가 아니었나 생각해요. 그러다 저에게 운명처럼 다가왔던 것이 전교조 활동이지요. 참교육 운동을 하면서 올바른 교사상을 그리게 되었고, 교직 생활도 보람을 느꼈어요. 그때는 아이들과 정말 재미있게 만났고 아이들도 즐거워했어요. 교육을 바로 세우려는 뜻있는 동지들을 만나면서 제 삶 자체가 180도 달라진 것이지요.

최 좋은 선생님이 되려고 애를 쓰다가 해직도 되었고, 나중에 복직해 인천시 교육위원을 하셨지요?

이 제가 우리 교육과 학교 현장에 대한 고민을 많이 했던 것 같아요. 그래서 늦깎이로 교육 운동에 참여했고 교사로서 바로 서기 위한 노력들을 나름대로 많이 했지요. 교육위원으로 나설 때도 고민이 많았어요. 당선이 되어서 보람된 일을 할 수도 있었지만 겸직 금지 법률에 따라 교직을 그만두어야 했거든요.

최 보통 사람들과 달리 개척하는 삶을 살았다고 할 수 있겠는데요. 어려운 시절을 이겨 나갈 수 있었던 원동력이 있었을 것 같아요.
이 중간에 남모르는 좌절도 있었어요. 무엇보다 2010년도 교육감 선거에 나와서 아깝게 떨어진 것이지요. 경제적인 어려움은 말도 못했고요. 그래도 실망하지 않고 뚜벅뚜벅 앞으로 가기까지는 식구들의 응원이 컸어요. 제 삶의 새로운 전환점과 돌파구는 인천광역시 자원봉사센터 회장을 맡게 된 것입니다. 3년 동안 숱한 자원봉사자들을 만나면서 참된 봉사의 철학과 가치에 대해 공부를 했어요. 그 속에서 사랑과 겸손도 배우고 나눔을 배우게 된 것이지요. 어찌 보면 그런 진정성 있는 삶의 자취들이 시민들의 평가로 이어져 교육감에 당선된 것 같아요.

최 최근에는 강화군 무상급식 편성 예산을 인천시의회가 삭감하려고 해서 교육감님이 눈물까지 보이셨지요.
이 저는 무상급식이라는 용어도 적절하지 않다고 보고 있어요. 의무교육이라고 하듯이 급식도 의무급식입니다. 이번 추경예산에 강화군만이라도 먼저 의무급식을 추진하려고 했지요. 이 근거는

학교급식법이나 또는 농어촌특별법을 보면 도서 지역 같은 경우
는 지원을 할 수 있게 되어 있어요. 강화군이 거기에 해당되거든
요. 갈라진 논에 물을 대는 심정으로 강화군 학생들에게 급식 지
원을 하는 것이 맞다면서 하소연을 하다가 복받쳐 오른 거예요.
그렇게 해도 심의에서 통과시켜 주지 않으니까 답답해서 진짜 눈
물이 나더라고요. 그래서 울보 교육감이 됐습니다.

최 원래 임기 안에 중학교 무상급식을 하겠다는 게 공약이었지요.
이 단계별로 중학교 의무급식을 하겠다는 것이 공약입니다. 공약을
   떠나서 중학교에서 의무급식을 안 하는 건 인천광역시라는 300
   만 도시 위상에도 전혀 걸맞지 않습니다. 시의원들이 강화군만
   하면 형평성에 맞지 않는다고 하는데요. 동시에 다 하려면 인천시
   에서 도움을 줘야 하는데 그런 부분에 협력 의지가 없는 상태라
   가능한 일이 아니지요. 전국적으로 봐도 다른 지역은 중학교 의
   무급식을 하는데, 인천이 안 하니 오히려 형평성에 어긋난다고 봅
   니다.

최 시의회가 교육청을 심하게 견제하고 있습니다. 그동안 혁신학교,
   혁신교육지구, 무상급식 이런 예산들이 시의회에서 삭감되고, 교
   육자치협의회 조례도 통과가 안 된 걸로 알고 있습니다.
이 의무급식과 관련된 부분은 인천 지역사회에 확실한 의제가 되
   어 있기 때문에 더 나은 모습으로 나아갈 거라고 기대를 하고 있

" 현장과 동떨어진 정책을 펼친다면 실패할 확률이 높겠지요. 제가 교사 출신이라서 그런지 몰라도 아이들을 만나면 신나고 행복해요. 그러면서 초롱초롱한 저 아이들을 어떻게 지켜야 될 것인가, 아이들 미래를 어떻게 열어 줘야 할까, 이런 고민들을 하지요. 정말로 아이들과 선생님들 편에 서서 일을 해야겠다는 각오가 늘 새로워집니다. "

고요. 교육청은 시의회 결정과 견제를 인정하지만 정책 추진에 일방적으로 발목을 잡는 것은 올바르지 않다고 생각해요. 앞으로 협력 관계를 더 긴밀하게 가져갈 수 있도록 노력할 것입니다. '행복배움학교'는 교사들의 자발성, 헌신성, 수평적인 리더십이 발휘돼서 진행이 잘되고 있어요. 시민들한테 신뢰를 받고 있고, 행복배움학교로 지정되기를 바라는 곳이 많아서 시의회에서도 행복배움학교에 대한 지원은 잘해 나갈 거라고 생각합니다.

수업 중심, 학생 중심으로

최 행복배움학교는 지금 몇 곳이나 지정되어 운영되고 있습니까?

이 인천에서 10개 학교가 지정돼 움직이고 있고 18개 학교가 준비를 하고 있습니다. 준비학교 선정하는 데도 얼마나 열기가 뜨거운지 무려 38개 학교가 신청을 했어요. 그래서 20개 학교는 아쉽게도 다음으로 미루게 되었지요. 지정된 10개 학교 선생님들이 혁신학교의 철학과 특성을 잘 살려서 일을 해 나갈 텐데, 학부모들의 반응과 기대가 굉장히 높아요.

최 혁신 교육감들이 취임하면서 시도마다 교육청 인사에도 상당한 변화가 있었지요. 인천시교육청은 평교사 4명을 장학관에 임명했는데요.

이 현장 중심, 학생 중심 사고를 지닌 교사 출신 전문직을 발탁했을 뿐이지요. 여러 가지 정책을 추진하는 데 있어서 현장을 중시하는 영역을 맡기기에 좋겠다고 판단했고요. 지금 이분들이 유연하고 합리적인 사고를 하고 있고 상당히 융화도 잘되어서 잘 뽑았다는 생각이 듭니다.

최 교육감 임기 1년이 지나면서 앞으로 교사들이 수업, 생활 교육에 집중할 수 있도록 하겠다고 밝혔습니다.

이 지난 1년 동안은 교육청의 지원 행정 시스템을 바꾸는 데 힘을 썼지만, 이제는 학교 현장에서 느낄 수 있게 옮겨 가야 되지 않겠습니까? 그래서 학교를 찾아가서 교사들과 원탁토론을 열어 우리가 교원 업무를 어떻게 줄여야 아이들 교육에 전념할 수 있겠는가 의견을 들어 보려고 합니다. 거기에서 어떤 것을 버려야 되겠는가, 무엇을 통폐합해야 할 것인가, 업무와 잡무의 경계는 어느 선인가, 이렇게 이야기를 나눠 보아야만 해요. 그래야 해야 할 것과 하지 말아야 할 것이 구분되어 업무 조정이 잘 이루어지겠지요. 이렇게 해서 수업 중심, 학생 중심, 학교 중심으로 교육 패러다임이 변화할 수 있도록 만들어 갈 생각입니다.

최 요즘에 교육감들이 가장 걱정하는 것이 교육재정이지요. 누리과정 무상보육비 때문에 교육재정이 파탄 날 것이라고 우려하고 있습니다. 정부에서는 교육재정 확대 없이 배분 방식만 바꾸려 하고 있고요.

이 지방교육재정으로 내어 주는 돈의 총액을 늘리지 않고는 해법이 없다고 봅니다. 단순히 배분 방식 조정만으로는 답이 없어요. 그래서 누리과정 보육예산은 중앙정부에서 책임을 져야 합니다. 지금 교육행정 수요가 늘어나고, 물가 상승에 인건비 자연 상승도 있지 않습니까? 그런데 2015년도 예산이 2013년도나 크게 다를 게 없습니다. 지금 교육청은 보릿고개보다도 더 심각한 상황이 아닌가 싶어요. 무상보육 기본 취지는 찬성을 하지만 이렇게 교육청에만 재정 부담을 주는 것은 잘못됐다 생각하고 있습니다.

최 지방교육재정이 어려운 시기에도 어떤 정당은 전국을 돌며 교육감 직선제 폐지를 위한 토론회를 진행하고 있는데요.

이 헌법 31조에 명시된 교육의 자주성, 전문성, 정치적 중립성에 가장 부합하는 것이 직선 교육자치제도이지요. 교육감 직선제 폐지 주장이 교육을 더 정치화하고 있다는 것을 주목할 필요가 있어요. 민주주의와 자치를 위해서도 직선제는 꼭 필요합니다. 교육감 선거는 지역주의나 공천 갈등 같은 정당 정치 병폐들이 없잖아요. 그런 측면에서도 교육감 선거는 정책 중심 선거가 되고 또 교육의 전문성에 부합을 하고 있지요.

최 한 방송사에서 달마다 전국 교육감들의 업무 수행 만족도에 대한 여론조사 결과를 발표하고 있어요. 그런데 수도권 교육감들의 지지도가 잘 오르지 않고 있습니다.

이 여론조사의 표본이 어떻게 만들어졌나 모르겠지만, 어쨌든 저는 뚜벅뚜벅 걸어가서 그런가 봐요. 이벤트성 사업들을 많이 하지 않아서 시민들이 인천 교육이 조용하게 변화하고 있다고 느끼실 거예요. 하여튼 더 잘하라는 여론조사 결과라고 받아들이면서 앞으로 인천 교육의 정보 공유와 홍보에 더 노력해야 되겠다는 반성도 합니다.

최 끝으로 교육감 임기 동안에 힘주어 하고 싶은 일에 대해 듣고 마치겠습니다.

이 상상력, 창의력, 협동심이 강한 일꾼들을 미래형 학력을 지닌 사람으로 보고 있어요. 우리 인천은 창의공감교육으로 미래형 학력 신장에 중점을 두고 있습니다. 그러기 위해서 수업 중심, 교실 중심, 또 학교 중심 이런 생각을 늘 머릿속에 담고 교육행정을 펼쳐 나가야겠지요. 학부모들과 더 협력하고, 교육공동체를 이루어 아이들 모두가 행복한 교육 철학과 가치를 넓힐 수 있도록 힘쓰겠습니다.

3장

참된 인성을 키우는
미래 창의 교육

제주특별자치도 교육감

이석문

▶ 2015. 8. 3.

남쪽 끝 제주도교육청 이석문 교육감과 이야기를 나누었습니다. "마라분교로 전학 보내면 무조건 1, 2등 할 수 있다."고 말하면서 웃음을 터뜨렸어요. 마라분교에는 재학생이 6학년 아이 1명밖에 없지만, 가장 남쪽 끝 학교가 절대로 폐교되는 일은 없도록 하겠답니다.
2시간가량 대담을 하다 보니 제주도 특별자치법에 따라 교육제도가 다른 시도와 남다른 점이 있네요. 제주도는 교육의원 제도가 그대로 유지되고 있고, 자율학교는 평교사들도 내부형 공모를 통해 교장, 교감을 할 수 있답니다. 이 교육감 취임 뒤에 제주도만의 특색 있는 여러 교육정책을 펼치고 있군요. 학생건강증진센터를 설치해 정신과 의사 2명이 학생들의 마음을 살피고, 영어 비디오로 습득하는 들엄시민(듣다보면) 영어교육, 학교와 연계한 4·3평화·인권 교육 들이 바로 그렇습니다.
혁신학교인 제주도 다훈디(다함께) 배움학교가 올라오고 강원도 행복더하기학교가 내려가 함께 만나면 우리 교육이 얼마나 행복해질까요. 교실마다 까르르르 아이들 웃음꽃이 활짝 피어나겠지요.

1959년 제주도에서 태어나 대학을 졸업한 뒤 중고등학교 영어 교사로 아이들을 가르쳤다. 제주도의 역사를 연구하면서 제주 4·3항쟁을 깊이 들여다보게 되었다. 2010년에 주민직선 제주도교육의원으로 선출되어 4년간 교육의정활동을 펼쳤다. 아이건강제주연대 공동대표를 지냈으며 2014년 지방선거에서 제주시 교육감으로 당선되었다.

전쟁이 아닌 평화를
다음 세대에 물려줄
책임과 의무가 있습니다

최창의 제주도에 오면 느낌이 색다릅니다. 교육 상황도 제주도 나름대로 육지와는 다른 특징이 있을 것 같아요.

이석문 제주도는 역사적으로 교육열이 대단히 높아요. 해방될 때 마을마다 학교를 가장 먼저 만들었어요. 주민들이 땅을 내놓고 등짐 져 가면서 학교를 지었어요. 과거에 이런 전통이 있어서 지금 학교 살리기가 가능해요. 마을별로 돈을 모아 집을 짓고 공짜로 빌려주면서 외지 학생들을 받아들일 수 있으니까요. 그리고 제주도 특별자치법안에 교육 개혁 내용이 거의 다 담겨 있어요. 모든 자율학교에 교장 자격증 없는 평교사도 교장과 교감으로 임용할 수 있는 제도까지 들어가 있습니다.

최 제주도 특별자치법에 따라 제주도 교육이 다른 시도와 뚜렷하게 다른 점이 있군요. 다른 시도 교육청도 내부형 교장제(평교사 출신 교장 공모제)를 추진하고 싶어 하지만 기존 승진제도에 묶여 매우 어렵지 않습니까?

이 네. 어려운 문제이지요. 교육 개혁을 하기 위해서는 교장 승진 구조를 어떻게 다양화할 것인가가 큰 과제인데요. 그런 면에서 제주도는 자율학교에서 내부형 교장제를 추진할 수 있기 때문에 학교 관리자의 변화를 이끌어 내는 데 좋은 상황이지요. 제주도 지역이 작아서 일관성을 갖고 한 7, 8년만 꾸준히 교육 혁신을 추진하면 그 변화가 매우 클 것이라고 봅니다.

최 지금 제주도 교장, 교감들의 지도력을 어떤 형태로 바꿔 나가고 있으신지요.

이 제주도 혁신학교 가운데 초등학교 둘, 초중등 통합학교 하나, 이렇게 세 곳이 내부형 공모제를 하고 있지요. 그 가운데 종달초등학교 같은 경우에는 이미 변화가 확실히 일어나서 그 지역을 바꿔 냈고, 그 영향이 둘레에까지 퍼져 나가는 단계입니다. 이런 학교 모형이 생기면 제주도는 지역이 작으니까 다 보고 배우고 스스로 바꿔 가려고 하겠지요. 과거 교장 지도력이 권위적이고 수직적인 방식이라면 내부형 교장은 평등하고 수평적이어서 교육행정 성과를 거두기 좋거든요.

최 이석문 교육감님 공약을 찾아보니까 '아침밥 있는 등굣길'이 있더군요. 그런데 실행은 경기도보다 늦게 하셨지요.

이 한 학기 준비 기간이 있었으니까요. 제가 7월 1일 취임했고 보통 학사 일정은 3월부터 실행이 돼야 하지요. 경기도는 교육감이 취임해 아이들 이야기를 들으면서 바로 시행을 한 것이고요. 제주도가 다른 지역에 견주어 학생들 비만율이 높은 편인데요. 조사한 자료를 보면 아침을 거르는 것하고 관계가 있는데 학생들 30퍼센트 정도가 아침을 거르더라고요. 그래서 적어도 아침은 먹게 하자, 1킬로미터 이상은 걸어 다니게 하자는 뜻으로 만든 공약입니다.

최 제주도 혁신학교는 제주 말로 '다혼디(다함께) 배움학교'라 이름 붙였더군요. 어떤 변화가 일어나고 있나요?

이 다혼디 배움학교는 학교장이 수평적, 민주적 지도력으로 어떻게 교사와 학생들의 자발성을 이끌어 내느냐에 달려 있어요. 학교공동체가 민주성을 갖고 학교 운영에 함께 참여하도록 하는 것이 중요하겠지요. 다혼디 배움학교에서 학부모를 만났는데 한목소리로 아이들 얼굴이 밝아졌다, 학교 가는 것을 즐거워한다고 말하더군요.

최 제주도 교육이 제도도 다르지만 정책도 특별한 것들이 있어요. 학생건강증진센터는 제주도만 만든 기구로 알고 있습니다.

이 제가 교사를 했던 경험으로 보면 마음이 아픈 아이들이 많아요. 몸과 마음의 건강은 가장 기본이니까 독자적인 구조로 돌아가는 것이 좋겠다고 생각해서 소아정신과 전문의 두 명을 채용했어요. 전문의들이 학생들을 찾아가 검진하는 방식인데 현재 제주도 모든 학교를 다 돌아다니고 있지요. 특별히 관심을 둬야 하는 아이들은 이미 모두 만났습니다. 특히 학교 폭력 문제에 얽힌 아이들, 가정이 해체된 아이들에게 이 복지 제도를 어떻게 활용할 것인가 고민하고 있습니다.

최 다른 혁신 교육감들이 그다지 강조하지 않은 영역이 한 가지 있는데 영어 교육입니다. 그런데 영어를 전공한 제주교육감님은 '들엄시민' 영어 교육이라는 정책을 힘써 추진하고 있지요.

이 사교육 시장이 30조쯤 한다면 영어 교육이 그 절반인 15조입니다. 교육 운동을 할 때부터 학부모들의 영어 교육 요구를 옳고 그름의 문제가 아니라 고민거리로 받아 내야 한다고 생각했습니다. '들엄시민'은 '듣다 보면'이라는 뜻을 가진 제주 말인데요, 제가 전교조 지부장 시절 학부모들과 꾸렸던 영어 교육 모임을 확대 적용한 것입니다. 아이가 집에서 외국 영화를 보면서 자연스레 영어를 배우는 '엄마표 영어'라는 방식인데요. 혼자 하면 너무 어렵기 때문에 교사와 학부모들이 모여서 서로 의지할 수 있도록 하고 있습니다. 문법을 공부하는 것이 아니라 소리를 자꾸 듣다 보면 그 언어의 문법 체계를 깨우치게 된다는 방식입니다.

최 듣기 중심으로 영어를 자연스럽게 익히는 방식이군요. 어떤 반

❝ 우리 세대의 가장 큰 행운은 무엇일까요? 전쟁 비극을 겪지 않은 것입니다. 당연하게 여기고 있지만 이것이 얼마나 큰 행운인지 몰라요. 그러면 우리한테 주어진 중요한 교육의 책임과 의무는 전쟁이 아닌 평화를 다음 세대한테 어떻게 물려줄 것인가라고 생각합니다. 4·3항쟁이라는 경험 속에서 제주 사람들은 참된 평화의 소중함을 알게 되었지요. ❞

응과 효과가 있는지요.

이 초등학교 3학년부터 시작하는데 제 경험상 3년쯤 지나면 영어가 70퍼센트 넘게 들립니다. 읍면 지역으로 갈수록 영어 교육에서 아이들이 소외되어 있습니다. 소득과 영어가 비례하는 거지요. 들엄시민을 하다 보면 학부모가 아이 눈높이에 맞춰 주고 기다려 주고, 식구들끼리 이야기를 많이 하게 되는 효과도 있습니다. 저는 들엄시민 영어 1세대 아이들이 10퍼센트 정도가 되면 제주도 언어 환경이 달라질 것이라고 봅니다. 언어를 쓰는 사람이 10퍼센트가 넘으면 아주 빠르게 퍼져 나가거든요. 그렇다고 제주도의 정체성을 잃지는 않을 것이고, 우리가 투자했던 그 많은 원어민이나 유학 문제 이런 것들은 해결되지 않겠나 봅니다.

4·3항쟁에서 평화의 소중함을

최 제주도 하면 4·3항쟁의 아픔을 떠올립니다. 4·3항쟁의 역사를 교육과는 어떻게 연결하고 있는지요.

이 우리 부모 세대는 전쟁을 겪은 세대였습니다. 우리 세대의 가장 큰 행운이라면 전쟁 비극을 겪지 않은 것입니다. 당연하게 여기고 있지만 이것이 얼마나 큰 행운인지 몰라요. 그러면 우리한테 주어진 중요한 교육의 책임과 의무는 전쟁이 아닌 평화를 다음 세대에게 어떻게 물려줄 것인가라고 생각합니다. 4·3항쟁이라는 경험

속에서 제주 사람들은 참된 평화의 소중함을 알게 되었지요. 우리 아이들도 사람이 얼마나 소중한지와 인권이 얼마나 중요한지 가까운 역사의 참혹함 속에서 잘 깨닫고 배울 수 있겠지요.

최 지금 제주도 학교에서는 4·3항쟁을 어떤 방식으로 가르치고 있는지요.

이 먼저 4·3항쟁과 관련된 역사 사실을 올바르게 일러 주는 교사의 역할이 있겠지요. 그다음에 유족들이 가능하면 그때 삶을 그대로, 할아버지가 아이들한테 옛날이야기 하듯이 들려줬으면 해요. 지금 할아버지 세대는 여러 가지로 마지막 세대이지요. 첫째는 4·3항쟁을 경험한 마지막 세대고, 두 번째는 마지막 농경 세대이고, 셋째로 제주 말을 자연스럽게 쓰는 마지막 세대입니다. 그래서 이런 언어와 문화가 4·3항쟁이라는 역사와 어우러지면서 우리 아이들한테 정서적으로 전달이 되었으면 해요. 당사자들한테 직접 듣는 느낌이 글로 읽는 것하고는 또 다르거든요. 올해부터 처음으로 유족들이 명예교사가 되어서 학교 현장에 들어갔습니다.

최 교육감님은 작은 학교 살리기 사업을 진행하고 있습니다. 마라분교에 한 명 남은 아이가 졸업하면 문을 닫는다는 말이 있던데요.

이 제주도에 분교를 포함해서 학교가 있는 섬이 추자도, 우도, 가파도, 마라도, 비양도, 이렇게 다섯 개가 있습니다. 그 가운데 마라분교는 상징적 의미가 있지요. 우리나라 가장 남쪽에 있는 학교인데, 문 닫았다가는 큰일 납니다. 그래서 일단 과거에 있던 학교 관사를 리모델링해서 아이를 둔 학부모가 이주해 오도록 애쓰고 있습니다. 되도록 아이가 있는 교사를 발령 내고, 또 관사에 아이 있는 부모가 이사 오면 학교가 문 닫는 일은 없을 것입니다. 마라분교만큼은 지키겠습니다. 지금 전국의 관심사이거든요.

최　이석문 교육감님은 원래 제주도가 고향이신가요? 지금까지 줄곧 제주에서 활동해 오셨는지 궁금합니다.

이　제주시 용담동에서 태어나 그 동네에서 결혼해 둘째까지 낳고 지금 사는 동네로 이사 왔습니다. 자라면서 제주도 역사, 문화, 신화, 전설, 이런 공부들을 틈틈이 했지요. 첫 교사 발령지였던 여수에서 다시 제주로 돌아올 때, 제주 4·3항쟁만큼은 평생 매달려야 되겠다는 생각을 했어요. 그래서 제주도 근현대사 공부를 많이 했고, '제주4·3연구소'를 함께 만들었지요.

최　어려운 시기에 4·3항쟁 역사 연구를 시작하셨네요.

이　1987년 6월 항쟁 뒤에 4·3항쟁에 관심 갖는 사람들이 모여서 공부도 하고 그때 처음으로 채록을 하러 다녔지요. 유족들을 만나 보면 먼저 이야기를 잘 안 꺼내더라고요. 우리가 '일제 강점기 때 일본에 간 분은 어떤 분입니까' 물어서 그분들이 이야기하다 보면 4·3항쟁까지 쭉 연결이 돼요. 그렇게 채록해 제주4·3연구소

에서 펴낸 책이 《이제사 말햄수다》(이제야 말할 수 있습니다)이지
요. MBC 방송에서 쓴 '이제는 말할 수 있다'는 제목이 여기에서
따 간 것입니다. 그 첫 방송으로 4·3항쟁을 다루기도 했으니까요.

최 교사를 하면서 교육 운동보다는 주로 제주 역사를 연구하는 활
    동을 하셨군요.
이 아이들 잘 가르치고 지역에서 4·3항쟁 진상 규명하는 것이 제
    영역이라고 생각했지요. 교육 운동 쪽에 힘을 실어 주겠다는 생
    각에서 전교조에 가입했는데, 오히려 해직되면서 진짜 좋은 선생
    님들을 만났어요. 교사란 그 선생님들 같은 모습이어야 되는데
    제가 참 부끄러웠지요. 그래서 그때 제자들을 만나면 참 미안하
    고 부끄러운 선생인데 그래도 만나 주니 고맙다고 말합니다. 어
    쩌면 덜 부끄럽기 위해서 노력하다 보니까 여기까지 온 것 같습
    니다.

최 이제 마무리 말씀을 들어야 하겠습니다. 교육감으로서 궁극적
    으로 이루려는 제주 교육의 목표가 무엇인지 말씀해 주십시오.
이 경쟁과 서열의 학교 문화에서 경쟁 대신에 배려, 서열 대신에 협
    력의 학교 문화를 꽃피워 가려 합니다. 그리고 그 결과가 성적으
    로 평가되지 않고 아이들의 행복으로 평가되었으면 좋겠습니다.
    단 한 명의 아이도 포기하지 않고, 배려와 협력이 있는 모두가 행
    복한 제주 교육을 실현하겠습니다.

대전광역시 교육감

설동호

▶ 2015. 10. 8.

전국 교육감 대담 10번째로 설동호 대전 교육감을 만났습니다. 초등교사에서 출발해 중·고
교 교사, 대학총장까지 두루 교육 경험을 거쳐 교육감에 이른 분입니다. 어떤 연유인가 물으
니 새로운 일에 대한 호기심과 탐구심이 많아서 도전하는 삶을 살았다고 합니다.
우리 사회를 진보와 보수로 확연히 편 갈라놓는 것이 안타깝다며 특히 교육계는 그런 분
류 구도가 없어지면 좋겠답니다. 설 교육감은 애초 보수 교육감이라 했지만 역사 교과서
국정화 반대 선언에도 참여하였고, 중부권 4곳 교육감들과 교육 협력 사업도 꾸준히 진행
하고 있습니다.
직접 학교에 나가 아이들과 놀이도 해 보면서 놀이지도가 중요하다고 말합니다. 아울러
글로벌 인재 육성 교육에 힘쓰고 있다면서 세계 어디서든 살아갈 수 있는 사람을 키워야
한다고 거듭 강조합니다. 대화를 나누면서 소탈하지만 강인한 인상을 받았습니다.

1950년생. 충남에서 초등학교 교사로 출발하여 중·고등학교 교사를 거쳐 한밭대학교에서 영어 전공 교수로 일하면서 교수협의회장을 지내기도 하였다. 전국대학교수회 공동회장과 민주평화 통일자문회의 자문위원으로 활동하였고, 2002년부터 한밭대학교 총장으로 8년 동안 재직하였다. 2010년 지방선거 교육감 출마 당시 개혁적 보수를 지향하며 대전시 교육감에 당선되었다.

미래를 위해 바른 인성을 바탕으로
창의 교육을 펼치겠습니다

최창의 설동호 교육감님 이력을 보니까 교육계 여러 분야에서 일을 해 왔던데요. 초등학교 교사를 하기 전에는 어떤 성장 과정을 거치셨는지요.

설동호 제 고향이 충남 예산이에요. 4형제 가운데 둘째로 태어났는데 그때는 다들 어려웠지요. 시골에서 초등학교, 중학교를 마친 뒤 고등학교 때 대전으로 나오게 되었어요. 대전에 사는 작은아버지가 고등학교를 보내 주겠다고 해서 그렇게 되었지요. 그 뒤 교사를 하면서 시골의 어려운 부모님을 도와야겠다 싶어 교육대학을 갔지요.

최 초등학교와 중, 고등학교 교사를 거쳐 대학에서 교직의 길을 걸으셨지요.

설 스물두 살 때 초등학교 교사로 교단에 섰어요. 그다음 공부를 더 해서 대학교 영어교육과를 졸업한 뒤에 제 고향에 있는 적산 중학교로 갔습니다. 거기에서 영어 선생을 하다가 대전의 사립 중학교, 고등학교 교사로 옮긴 뒤에 영어영문학 박사 학위를 받았지요. 대학으로 옮겨 가서 시간강사를 하다가 교수를 거쳐 한밭대학교 총장까지 이르게 된 겁니다.

최 보통은 한 직장을 선택하게 되면 그곳에서 마치는 경우가 대부분이잖아요. 그런데 교육감님은 줄곧 변화가 많은 삶을 살아왔습니다.

설 제 자신을 돌아보면 호기심이라든지 탐구심이 좀 있지 않은가 싶어요. 자꾸 새로운 일에 도전하고 싶어 하고요. 어떤 일을 하고 싶거나 알고 싶은 마음이 있으면 계속 도전하고 그 길을 찾으려 애썼어요. 그러다 보니까 여기까지 온 겁니다.

최 교육감으로 출마하는 것은 쉬운 결정이 아니었을 것 같아요. 어떤 강한 동기나 마음가짐이 있었는가요?

설 제가 있던 한밭대학교는 산학협력 특성화 대학이라 국내기업, 외국기업들을 많이 다녀 봤어요. 그러다 보니까 세상을 보는 눈이 아무래도 넓어졌겠지요. 제가 초·중·고등학교에서도 일한 경력이 있으니까 이렇게 보고 느낀 것을 살려서 우리 아이들 잘 키우는 일을 해야겠다는 마음을 갖게 됐어요. 그리고 제가 초등학교를 떠날 때 성남초등학교 5학년 여학생 반을 가르쳤는데, 그 아이들의 눈망울이 떠올랐어요. 또 하나는 우리나라의 미래는 교육이 답이고, 세계화 시대에 우리 아이들을 잘 길러 내야 되겠다는 결심을 가지고 교육감에 도전하게 된 거죠.

최 어려운 선거 과정을 거쳐 교육감이 되셨는데요. 교육감 일을 하면서 기억에 남거나 즐거운 일이라면 무엇입니까?

설 대전시교육청에서는 '놀이통합교육'을 하고 있어요. 초등학교 아이들한테 정해진 시간 없이 하루에 50분 이상씩 놀도록 합니다. 놀이 시간과 놀 공간을 마련해 주고 선생님들이 놀이 지도도 하고 있지요. 제가 교육감이 된 뒤에 초등학교에 나가서 아이들하고 투호나 사방치기를 다 해 봤습니다. 아이들이 노는 모습을 보면 즐겁더라고요. 아이들이 활달하게 발표하고 자라나는 것을 볼 때는 저절로 신이 납니다.

최 교육감님이 학교 현장을 찾아가 함께 놀이하는 모습이 좋아 보입니다. 놀이통합교육을 강조하는 까닭이 있을 텐데요.

설 아이들은 놀면서 규칙을 지키는 법과 남을 인정하는 법을 배웁니다. 놀이는 아이들이 가장 좋아하는 활동이자 자연스러운 공부 방법이지요. 대전시교육청은 창의성과 인성을 갖춘 글로벌 인재를 키우기 위한 방안의 하나로 놀이통합교육을 운영하고 있습니다. 일상에서 놀이를 잃어버린 학생들에게 학교에서 놀이 시간을 마련해 바른 인성을 키워 주려고 합니다. 행복한 학생, 즐거운 학교 문화를 만들어 가려는 것이지요.

최 교육감 임기를 시작한 지 벌써 1년 반이 되었습니다. 대전 교육의 기본 목표와 방향은 무엇인지요.

설 대전 교육은 세계를 이끌 창의성과 인성을 갖춘 글로벌 인재 양성을 목표로 하고 있습니다. 학력과 인성을 고루 갖춘 아이들로 기르고, 스스로 공부할 줄 아는 능력을 키워 주려고 하지요. 또한 교육공동체 모두가 행복한 학교 문화를 만드는 데 힘쓰고 있습니다. 얼마 전에는 위(Wee)센터(학생 상담소)에 이어 선생님들의 심리 상담, 정서 치유를 하기 위해 티(Tee)센터(교사 상담소)를 열었어요. 앞으로 피(Pee)센터(학부모 상담소)도 만들어 교육공동체가 함께하는 치유 상담소를 운영할 계획입니다.

최 지난해에 '창의인재 씨앗학교'를 열다섯 곳 지정해 운영하겠다고 발표하였습니다. 지금 어느 단계에 와 있습니까?

설 창의인재 씨앗학교는 협력과 나눔의 학교 문화를 바탕으로 운영하는 대전형 혁신학교예요. 교사들이 전문적인 학습공동체와 도덕적 생활공동체를 만들어 창의적인 교육 활동을 펼쳐 나가려는 것이지요. 여러 의견을 모아 창의인재 씨앗학교 기본 계획이 마련되었습니다. 10월 중에 학교 공모를 시작해서 내년 3월부터 다섯 개 안팎의 초, 중학교에서 운영되고요.

해마다 다섯 학교씩 늘려서 2019년까지 약 스무 곳을 창의인재

" 놀이는 아이들이 가장 좋아하는 활동이자 자연스러운 공부 방법이지요. 대전시교육청은 창의성과 인성을 갖춘 글로벌 인재를 키우기 위한 방안의 하나로 놀이통합교육을 운영하고 있습니다. 일상에서 놀이를 잃어버린 학생들에게 학교에서 놀이 시간을 마련해 바른 인성을 키워 주려고 합니다. 행복한 학생, 즐거운 학교 문화를 만들어 가려는 것이지요. "

씨앗학교로 지정해 새로운 공교육 모델로 자리 잡도록 할 예정입니다.

최 대전시교육청이 '고등학교 간 진로변경 전입학제'를 시행한 걸로 알고 있습니다. 학생들에게 알맞은 진로를 찾아 주기 위해 또 어떤 정책들을 펼쳐 가고 있는지요.

설 2013년에 대전시교육청은 전국에서 처음으로 진로변경 전입학제를 시작했어요. 적성이 맞지 않아서 진로를 바꾸려는 고등학교 1학년 학생들이 일반고와 특성화고를 넘나들어 전학을 할 수 있는 제도이지요. 학기 중 5월과 10월에 학교장 추천을 받으면 다른 계열 학교로 전입학 배정을 받을 수 있습니다. 그 밖에도 2학년 학생들은 대전산업정보학교로 전학할 수 있는 제도를 운영하고 있고, 3학년 학생들에게는 대전산업정보학교에서 운영하는 직업교육 위탁 프로그램을 통해 맞춤형 직업교육을 하고 있습니다.

책 읽는 학생 행복한 학교

최 교사들의 정신 건강을 돕는 '티센터'를 열게 된 것도 관심사인데요. 티센터를 시작한 동기는 무엇이고 어떤 프로그램을 운영하고 있는지가 궁금합니다.

설 사회나 학교에서 요구하는 교사의 역할이 너무 많지요. 학습 지도, 생활 지도, 놀이 지도, 진로진학 지도……. 어느 분야도 소홀하면 안 되는 전문가를 요구하고 있어요. 그러다 보니 교사가 자기 내면이나 생활을 돌아볼 새도 없이 지쳐 가고 있습니다. 그래서 교사의 상태를 진단하고 상담하여 마음을 치유할 필요가 있다고 판단했습니다. 티센터에서는 교원들의 개인 상담도 하고, 집단 상담도 하고 있지요. 앞으로 상설 연수 과정도 만들고, 가족 상담도 하려고 합니다.

최 독서 교육을 중점 교육정책으로 추진하고 있는데요. 그동안 거둔 성과와 앞으로 나아갈 방향에 대해 듣고 싶습니다.

설 올해 '책 읽는 학생, 행복한 학교 만들기'를 목표로 '책과 대화하는 대전교육' 프로젝트를 내세웠어요. 세부적으로는 '아침독서 10분 운동', '반딧불이 독서여행', '사제동행 독서하기' 같은 활동을 진행하였지요. 경쟁 위주, 행사 위주의 독서 교육 틀을 벗어나, 학생 스스로 주체가 되어 함께 참여하고, 즐기고, 공감하는 방식으로 운영하려고 해요. 또 학교도서관에 어머니 명예사서 제도를 두어서 도서관 기능을 강화하고, 지역사회와 연계하는 학교도서관이 되도록 운영하고 있습니다.

최 어려운 교육재정 속에서 지난해 대전시와 초등학교 무상급식 재원 분담률을 놓고 갈등을 빚기도 했습니다. 중학생들에게는 언제쯤 무상급식을 실시할 수 있게 될까요?

설 대전시는 초등학생은 전체 무상급식을 실시하고 있는데 중학생은 저소득층 자녀 및 소규모 농촌학교 학생에게만 무상급식을 하고 있습니다. 무상급식은 의무교육 대상인 중학교까지 전국을 똑같이 정부 차원에서 실시하는 것이 바람직할 것 같아요. 대전의 경우 교육청 재정이 나아지면 지자체와 협조를 해서 중학교까지 무상급식을 확대하도록 노력할 생각입니다.

최 언론이 나누어 놓은 틀이라고 할까요. 전국 교육감들을 보수, 진보 이렇게 분류를 하고 있는데, 어떻게 생각하시나요?

설 저는 근본적으로 진보, 보수의 구분이 없어져야 된다고 봐요. 그것이 나라 발전에 장애가 되거든요. 지금 통합으로 가도 어려운 시기인데 우편향이다, 좌편향이다 가르는 건 안 되거든요. 우리 교육감들도 양편으로 구분을 하고 있는데 저는 그런 개념이 별로 없습니다. 진정으로 우리 아이들을 위한 교육, 국가를 위한 교육을 어떻게 할 것인가 서로 고민을 해야겠지요. 그래서 충청권에서는 대전, 세종, 충남, 충북이 함께 협의체를 만들어 공동 사업을 진행하고 있습니다. 저를 구태여 구분한다면 개혁적인 보수라고 할까요.

최 앞에 말씀하신 것처럼 충청권 교육감들이 정책협의회를 구성해 교육 협력 행정을 펼치고 있습니다. 어떤 사업들을 진행하고 있는지요?

설　지난 5월 15일, 충청권 교육감이 함께 만나 '미래 핵심 역량 교육기반 공동 구축'에 나서기로 뜻을 모으면서 정책협의회가 시작되었어요. 이 자리에서 시대 변화에 따른 새로운 교육 체계에 대해 인식을 함께 나누고, 창의성과 문제해결력, 감성, 인성 중심의 새로운 학력관을 자리 잡게 할 방법을 찾기로 했습니다. 지난 9월 17일 2차 정책협의회에서는 '충청권 미래교육 국제포럼'을 공동 개최하기로 했지요. 앞으로도 '교육과정 편성 및 운영', '교육행정 혁신 사례 공유 및 지원', '학교 혁신 기반 조성'을 함께 추진할 예정입니다.

최　학부모와 교사에게 하실 말씀이 있으면 덧붙이고 마치겠습니다.
설　사실 2년, 3년 뒤 앞날도 내다보기 어렵지요. 빠르게 변하는 세상에서 살아갈 아이들 미래를 위해 인성을 바탕으로 한 창의 교육이 중요합니다. 대전 행복교육이 추구하는 핵심 가치는 바른 인성과 창의입니다. 우리 학생들이 바른 인성을 갖춰 남을 배려하고 봉사할 줄 알도록 하겠습니다. 서로를 존중하고 사회 구성원으로서 올바른 가치관을 가지고 함께 성장할 수 있도록 돕겠습니다. 학교 교육은 학부모님들과 지역사회의 협력이 필요합니다. 힘을 모아 주시면 우리 대전 학생들을 세계 어디서든 살아갈 수 있는 인재로 길러 내겠습니다.

경기도 교육감

이재정

▶ 2015. 11. 4.

경기도교육청 가는 길은 익숙하면서도 감회가 새로웠습니다. 이번 달에는 이재정 경기도 교육감과 1시간 40분 동안 대담을 나누었습니다.

지난해 시작한 9시 등교 정책부터 혁신학교, 마을교육공동체, 4·16 교육 체제, 무상보육비 예산, 한국사 국정화 문제까지 경기 교육의 여러 핵심 사안에 관해 의견을 들었습니다. 이재정 교육감은 정책 추진 방향을 상세하고 진지하게 설명하였습니다. 혁신학교 정책에서는 교원연구년을 비롯한 연수예산을 확대하고, 4·16 교육 체제 연구 결과는 내년 봄쯤 내놓겠다고 합니다. 어린이집 무상보육비는 정부 지원이 없는 한 도교육청 자체 예산 편성은 불가능하다고 강조합니다.

대담을 하면서 한국사 국정화는 그 절차와 방식이 잘못되었기에 절대 받아들일 수 없다고 합니다. 국정화 고시 폐기만이 해답이라는 단호한 입장에 저도 적극 동감했습니다.

1944년생. 1972년도에 대한성공회 사제가 된 이후 천신신학교 교장과 성공회대학교 총장으로
재직하였다. 제16대 국회의원과 민주평화통일자문위원회 수석부의장을 역임하였고, 2006년
제33대 통일부 장관과 2010년에는 국민참여당 초대 대표를 지낸 바 있다. 성공회대 석좌교수
로 재직하다가 2014년 지방선거에서 경기도 교육감으로 선출되었다.

혁신학교는
선생님과 학생들이 만들어 가는
변화이자 과정입니다

최창의 이재정 교육감님 하면 '9시 등교'를 많이 떠올립니다. 정책을 시행한 지 일 년이 지났는데 아이들 삶과 학교 현장에 어떤 변화가 있는지요.

이재정 어디 가서 "제가 경기도 교육감이에요." 하면 못 알아들어도 '9시 등교' 하면 학생들이 금방 알아봅니다. 9시 등교 시행한 지 1년 되던 때에 의정부여중 학생들하고 얘기를 나눠 보니까 "아침에 여유가 있고 아침밥을 먹을 수 있어서 좋다."고 하더라고요. 몇몇 여학생들이 "전처럼 바쁘게 지내지 않고 여유를 가지니까 신경질도 안 부리게 되고 성격이 바뀌었다."고 한 얘기도 퍽 마음에 와 닿았어요. 그리고 집중력이 늘어났고 아침에 졸지 않는다는 말도 들었습니다.

최 한편으로 문제점이나 보완할 점도 있을 것 같은데요.

이 가장 어려운 점은 고등학생들은 점심시간이 잘 안 맞는다는 거예요. 선생님들은 "과거에는 학생들하고 조회를 하고 수업을 시작했는데 그럴 시간이 없으니까 좀 어정쩡하다."는 의견도 있지요. 하지만 9시라는 것에 기계적으로 매이지 말고 앞뒤 시간을 적절하게 활용하면 되지 않겠습니까.

최 교육감님이 강력하게 추진했던 것이 또 하나 있지요. '교장, 교감 선생님도 수업을 하자'는 방침이었는데 중간에 그만두셨습니다.

이 제가 교육감이 되고 나서 교육법과 현장 상황을 살펴보니 교장, 교감도 교원이니까 수업을 해야 되는 게 아닌가 싶었습니다. 또 다른 배경은 2015년에 급격히 교육재정이 줄면서 기간제 교사까지 줄이게 된 것이지요. 그래서 교장, 교감 선생님들에게 몇 시간이라도 수업을 해 달라고 말씀드렸지요. 반응은 매우 싸늘하고 반발이 컸습니다. 교장, 교감 선생님들이 수업으로 감동을 준다면 그 감동이 아마 아이들에게 평생 남을 겁니다. 그 역할을 좀 해 주길 바랐습니다만, 제가 강제할 일은 아니구나 생각했습니다.

최 경기도교육청 하면 혁신학교 정책을 처음 펼친 곳으로 알려져 있고 5년 넘게 혁신학교를 이어 오고 있습니다. 지금 경기도 혁신학교가 어디까지 와 있고 앞으로 어떻게 발전시킬 것인가요?

이 혁신학교는 경기도 교육의 최고 가치이고 최고 목표라고 생각합니다. 2010년에 혁신학교를 시작해서 현재는 383개 혁신학교가 있어요. 지금은 혁신학교를 일반화할 환경과 조건을 만들기 위한 세 가지 방안에 집중하고 있습니다. 하나는 혁신학교로 가는 과정의 학교로서 혁신공감학교를 만드는 것인데, 현재 1,732개 학교가 참여하고 있습니다. 두 번째는 혁신학교 교육을 연구하는 선생님들의 학습동아리와 학습공동체를 지원하는 것이고요. 세 번째로는 혁신교육 관련 석사과정을 만드는 것인데요, 지금 다섯 대학과 협약을 맺어서 내년부터 석사과정을 진행하게 됩니다.

최 혁신교육 정책을 통해 이루려는 학교 모습은 어떤 것인가요?
이 저는 혁신학교를 어떤 틀로 만들지는 않으려고 합니다. 혁신학교는 교실에서 선생님과 학생들이 끊임없이 만들어 가는 하나의 과정이라고 생각해요. 혁신학교가 성과주의로 가면 안 된다고 봅니다. 학생들이 행복하고 학교 문화가 바뀌고 선생님들도 자신감이 생기면 그게 성과지요. 혁신학교는 변화하는 그 자체이고 과정이지 특별한 유형의 학교로 나아가자는 것은 아니라고 생각합니다.

최 혁신학교 정책 말고도 마을교육공동체 사업을 강조하고 있는 걸로 알고 있는데요. 어떤 것을 더 중시하고 있는 건가요?
이 물론 혁신학교입니다. 혁신학교야말로 학교 문화를 바꾸고 학교 수업을 바꾸는 결정적인 정책이거든요. 다만 올해 교육예산이 갑자기 줄어드는 바람에 어려움이 있었지요. 혁신학교 학급당 학

생 수가 27명으로 늘어나고 예산 지원도 줄어들 수밖에 없었어
요. 그러니까 "혁신학교 자체가 위기 아니냐? 교육감이 정책을 포
기한 것 아니냐?" 이런 비판이 많았는데요. 교육재정 위기 상황에
서 그럴 수밖에 없었다는 것을 알아주셨으면 합니다.

최 마을교육공동체 사업도 사실은 혁신학교의 연장선에서 시작한
것 아닙니까? 그 개념과 내용을 설명해 주시면 좋겠는데요.

이 우리가 교육자치 시대에 접어들지 않았어요? 그런데 지역사회
전체 학교를 발전시켜서 그 지역사회 인재를 어떻게 만들어 갈 것
이냐 하는 전체 그림을 그리는 사람들은 별로 없더라고요. 이런
전체적인 맥락에서 참여할 수 있는 구조가 있어야겠다는 생각에
서 마을교육공동체 사업을 시작하였습니다. 구체로는 학교를 도
울 수 있는 협동조합 같은 것이나 교육자원봉사자센터를 만들어
보자는 것입니다.

최 마을교육공동체 사업의 중심이 '꿈의 학교'인데요. 꿈의 학교에
집중하는 까닭은 무엇인가요.

이 학생들이 즐거워하고 잘할 수 있는 일을 알게 하는 방법으로,
과거의 학교 안 특별활동 또는 방과후학교를 밖으로 끄집어내려
는 것입니다. 학생들 스스로 만들어 가고 운영하는 학교, 여기에
그 지역에 있는 교육 자원들이나 전문가들이 함께 힘을 보태는
학생 중심의 학교, 이것이 꿈의 학교입니다. 올해 51군데 꿈의 학

" 혁신학교는 교실에서 선생님과 학생들이 끊임없이 만들어 가는 하나의 과정이라고 생각해요. 혁신학교가 성과주의로 가면 안 된다고 봅니다. 학생들이 행복하고 학교 문화가 바뀌고 선생님들도 자신감이 생기면 그게 성과지요. 혁신학교는 변화하는 그 자체이고 과정이지 특별한 유형의 학교로 나아가자는 것은 아니라고 생각합니다. "

교에서 시범 사업을 했습니다. 이를테면 작곡학교, 사진학교, 골프 학교와 승마학교도 있고 개그학교도 있어요.

최　경기도는 4·16 세월호 참사로 수많은 학생들이 숨진 단원고가 있는 지역입니다. 이를 교육에 반영하기 위해서 '4·16 교육 체제' 를 연구하고 있는 것으로 알고 있는데요.

이　'4·16 교육 체제'라고 이름 붙인 건 '4·16 세월호 참사를 기억하 면서 우리 교육에 어떤 문제가 있는가를 찾고 새로운 대안을 만 들자'는 구상에서 시작됐기 때문입니다. 4·16 교육 체제는 현장 중심 교육 체제로서 협동과 창의적인 것들을 만들어 내는 교육 체제가 되어야 한다고 생각합니다. 학교 민주주의, 지역별 특성화, 교육의 다양성을 통해 개인이 가진 잠재력과 역량을 길러 내는 교육 체제이지요. 지금 연구가 거의 완성돼서 분야별로 검토하고 의견을 듣고 있습니다.

무상보육비는 정부가 책임져야

최　전국 교육감들이 부닥친 가장 큰 어려움이 내년도 교육예산을 어떻게 편성할 것인가이겠지요? 어린이집 누리과정 무상보육비 때문에 지방교육재정이 파탄 나는 것 아닌가 걱정하고 있습니다.

이　경기도교육청은 현재 어린이집 누리과정 지원금인 5,400억 원을 편성하지 못했습니다. 이것은 대통령 공약이고 국책사업이기 때문에 국가가 감당할 일이지 시행령을 고쳐서 교육청에다 떠맡길 일이 아닙니다. 교육재정교부금이라는 것이 학생들과 학교의 교육비로 나가는 돈 아니겠습니까? 경기도의 경우에 학생 한 명당 교부금이 615만 원입니다. 다른 시도 평균에 비해서 187만 원이 적어요. 이런 상황에서 영유아 보육비를 감당하려면 615만 원에서 또 66만 원을 덜어 내야 합니다. 이 문제야말로 사회적 합의가 되지 않는 한 교육감 마음대로 할 수가 없는 일이지요.

최 정부는 아마 지방채를 또 발행하거나 유치원 예산을 나눠 쓰라고 할 텐데요. 해마다 되풀이되는 문제에 대해 근본 대책을 마련해야 하지 않겠습니까?

이 영유아 무상보육사업 자체는 좋은 사업이라고 생각합니다. 하지만 교육부는 이미 교부금 속에 다 반영시킨 거니까 거기서 내라는 일방적인 얘기만 하고 아무런 해결 의지를 보이질 않아요. 게다가 어린이집은 허가 관청도 도지사고 지도, 감독도 도지사입니다. 저희가 하는 일이라곤 원아 한 명에 29만 원씩을 그대로 도지사에게 넘겨주는 것뿐이에요. 도대체 이런 행정이 어디 있어요. 더 근본적으로는 내국세의 20.27퍼센트에 묶여 있는 교육재정교부율을 25퍼센트 이상으로 높여야 문제가 풀린다고 봅니다.

최 교육부가 한국사 교과서를 국정화하겠다고 발표했고 많은 반발

속에서도 확정고시 했습니다. 지방교육자치기관 대표로서 어떤 방침을 갖고 계신지요?

이 국정화 계획을 취소하는 길 말고 다른 길은 없다고 생각해요. 저는 과정부터 교육적이지 않았고 정상적인 절차가 아니었다고 생각합니다. 지금 쓰는 교과서는 2009년 교육부 지침에 의해서 만들어졌고 그 지침에 어긋난 책이 하나도 없습니다. 경기도 같은 경우는 역사 교사의 91.58퍼센트가 국정화를 반대합니다. 공식적인 정부의 집계로도 반대가 찬성의 2배가 넘는데 이것을 일방으로 밀어붙이는 것은 절차상에 하자가 있다고 생각해요. 그렇기 때문에 고시 자체가 원천적으로 무효라고 생각합니다. 내일이라도 교육부가 고시 철회하면 되는 겁니다.

최 성직자, 대학총장, 정치인 같은 여러 길을 거쳐 교육감이 되셨는데요. 어린 시절 성장 과정과 학창 시절은 어땠나요?

이 저는 6·25 전쟁이 일어난 해에 초등학교에 입학하고 중학교 때 서울로 유학을 왔는데 학교가 참 힘들었어요. 지방에서만 지내다가 서울에 처음 와 보니, 반에 촌놈은 저 하나였습니다. 서울에 유학은 왔지만 집안은 가난하고, 학력 차이도 2년 이상 나더라고요. 그러다 중학교 3학년 때부터 공부도 열심히 하고 책도 많이 읽고 하다가 고등학교 가서 도서관위원이 되었습니다. 도서관 운영을 맡아 했는데, 그것이 제 인생에 굉장히 좋은 기반을 만들어 주었다고 생각해요.

그런데 대학 시험에서 떨어지는 바람에 고향에 내려가서 한 3년을 이런저런 일을 하면서 지냈어요. 중학교를 못 가는 고향 아이들을 위해 학원을 만들기도 했고요. 그러다 나중에 대학을 갔는데 그때 겪은 여러 가지 경험들이 인생의 자양분이 됐던 것 같아요.

최 새해를 맞아 경기도 학부모와 학생, 교직원들에게 경기 교육의 새로운 구상이나 방향을 말씀해 주십시오.

이 저는 2016년 경기도 교육의 중심 과제를 '함께'라는 말에 두고 싶습니다. '함께'라고 하는 것이 좁게는 이웃과 친구 사이, 넓게는 남북, 더 넓게는 국제사회 속에서 서로 협동한다는 것 아닐까요? 그래서 우리 교육의 가치를 협동에서 찾았으면 좋겠다는 생각이고요. 구체적으로는 2016년을 학교 민주주의의 토대를 확실하게 닦는 해로 만들고 싶습니다. 이것이 돼야 혁신교육이나 혁신학교도 그 위에서 발전할 수 있으리라 생각합니다.

대구광역시 교육감

우동기

▶ 2015. 12. 17.

전국 교육감 대담이 막바지에 다다르고 있습니다. 열두 번째로 대구시 우동기 교육감을
만났습니다. 행복역량교육을 강조하는 우 교육감은 자신이 보수로 분류되지만 정책은 진
보적인 것이 많다고 말합니다.

혁신학교 대신 행복학교를 지정해 역량 중심 교육과정을 강화하고 교실수업 개선을 위해
협력학습과 배움의 공동체 방식도 적용하고 있답니다. 대구교육청의 학업 중단 중학생 교
육을 위한 방송통신중 운영, 홈플러스나 문화센터까지 찾아가 진행하는 학부모 교육, 장
애 학생 직업교육을 위한 특성화고 신설 등은 참신한 발상으로 생각됩니다. 하지만 우 교
육감은 무상급식보다는 학교 환경 개선이 우선이라고 하거나 어린이집 무상보육비도 정
부 책임이라고만 하기보다는 형편에 맞게 각각 편성하면 되지 않겠느냐고 주장합니다.

교육감들이 진보든 보수든 서로 교육 본질을 실현하는 데 경쟁하듯 나섰으면 합니다. 모
든 아이들이 꿈을 발견하고 키워 가는 학교 교육이 될 수 있도록 매진하였으면 좋겠습니
다. 교육감들 임기가 어느덧 2년여밖에 남지 않았기 때문입니다.

1952년생. 2010년 대구시 교육감에 당선된 이후 2014년에 재선출되었다. 영남대 행정학과를 졸업하고 일본 쓰쿠바대학원 사회공학과에서 박사 학위를 취득한 후 영남대 행정학과 교수를 거쳐 지난 2005년 영남대 총장을 역임했다. 한국지방자치학회 부회장과 국토개발연구원 책임 연구원을 지내기도 하였다.

인문소양교육으로
아이들의 행복 역량을
키워 가겠습니다

최창의 대구시 교육이 강조하고 있는 것부터 말씀을 나누고 싶어
요. '행복역량교육'을 중요한 추진 과제로 내세우고 있는데 구체적
으로 어떤 교육인가요?

우동기 삶의 목표가 행복이잖아요. 그러니 교육의 목표도 행복한
삶을 살아갈 수 있는 힘을 키워 주는 게 되어야지 않겠나 생각
합니다. 우리가 행복을 누리기 위해 필요한 능력을 5대 역량으
로 나누어 보았어요. 신체적 역량, 정서적 역량, 사회적 역량, 도
덕적 역량, 그리고 지적 역량입니다. 이러한 역량을 기르기 위해
'100:100:1 프로젝트'라는 인문소양교육을 진행하고 있는데요.
초등학교부터 고등학교 때까지 책 100권을 읽고, 100분 토론을
하고, 책 1권을 쓰자는 겁니다. 저는 교육과정 자체를 역량 중심
으로 바꿔야 된다고 봅니다. 지금은 지나치게 지식 경쟁 중심이
에요.

최 지식 중심의 교육을 역량 중심의 교육으로 바꾸어야 한다는 말씀이시지요?

우 네. 교육 개혁을 이야기하면 늘 경쟁 방법만 바꾸려고 그래요. 본고사를 어떻게 하고, 수시를 어떻게 하고, 수능을 어떻게 하고……. 저는 이제 경쟁 내용을 바꿔야 한다고 생각해요. 교육열을 줄이려고 하기보다는 교육열이 사회에서 순기능을 하도록 바꾸는 게 필요하다고 봐요. 우리나라는 중요한 과목이 국어, 영어, 수학, 사회, 과학인데 뉴질랜드는 영어가 첫째고 둘째가 예술이에요. 셋째가 체육, 넷째가 소수민족 언어와 수화입니다. 다섯 번째가 수학이에요. 뉴질랜드 같은 방식의 교과 운영이라면 경쟁할 가치가 있는 것 아니겠어요?

최 앞서 행복 역량을 기르기 위한 과정에서 인문학을 강조하셨지요. 인문소양교육을 독서 지도와 연결하여 추진하고 있는데 좀 더 설명해 주시지요.

우 전임 교육감이 고집스럽게 해 온 게 아침독서 10분이었어요. 저는 좋은 정책이라 생각해서 확대하였고요.

선생님들도 인문학적 소양이 부족해요. 그래서 올해부터 교사 뽑을 때 《논어》와 《명심보감》, 루소의 《에밀》을 가지고 면접을 봅니다. 교육감이 매길 수 있는 면접 점수 10점을 활용한 겁니다. 이렇게 하면 교사를 기르는 대학 교육도 달라지겠지요. 교원 양성기관부터 달라져야 인문학 소양이 있는 선생님들이 학교에 들어오는 것이지요.

최 학부모들이 기대하는 교육 변화의 핵심은 학교가 어떻게 달라
질 것인가이지요. 지금 많은 시도에서 혁신학교 정책을 펴고 있지
않습니까? 대구도 나름의 정책이 있을 텐데요.

우 우리는 '행복학교'를 추진하고 있습니다. 행복학교에서 하고 있
는 가장 중요한 일은 '교실 수업 개선'입니다. 이제 일방적인 강의
식 수업은 먹혀들지 않아요. 더 이상 교사가 지식과 정보의 독점
자가 아니잖아요. 그래서 2012년부터 교실 수업을 개선하기 시작
했습니다. '배움의 공동체'라든지 '거꾸로 교실' 같은 연수를 시
작하니까 연수자가 엄청나게 모여들었어요. 협력학습 방법에 관
한 연수인데 아이들의 문제해결능력을 키워 주는 토론식 교육이
지요.

최 행복학교 사업을 통해서 대구시 교육에 어떤 변화가 일어났
나요?

우 전국에서 대구가 학교폭력피해율, 학업중단율, 흡연율, 기초체력
미달률이 가장 낮습니다. 이 변화가 교실 변화를 통해서 일어난
거예요. '사제동행'을 비롯한 여러 프로그램을 통해 아이들과 관
계를 회복하고, 학습에 대한 몰입을 높인 결과입니다. 우리가 예
술교육을 한 3년 동안 강조를 했는데 학업중단율이 낮아진 까닭
이 여기에 있더라고요. 위기 학생들과 학교생활이 힘든 학생들이

예술 쪽으로 많이 갔거든요. 저는 개인적인 정치 성향은 보수입니다. 그러나 교육정책에 있어서는 대단히 진보적인 정책을 쓰고 있습니다.

최 지금 말씀하신 대구 교육정책의 진보성에 대해 좀 더 이야기해 주시지요.

우 먼저 저는 전교조하고 큰 마찰이 없습니다. 이것은 두 가지 까닭이라고 생각해요. 첫째는 학교가 도덕성을 회복하니까 전교조 교사들이 교장 선생님 상대로 시비를 가릴 게 없어졌어요. 두 번째는 무상급식 문제와 국가수준 학업성취도평가 말고는 전교조 정책과 크게 부딪치는 부분이 없어요. 학생들한테 바람직하다면 정치적 견해나 가치관과 상관없이 정책을 받아들이기 때문입니다. 처음에 '배움의 공동체' 연수를 시키니까 일부 단체에서 그거 전교조에서 하는 거라고 반대합니다. 그러면 전교조는 교실 수업 개선을 해도 되고 보수는 하면 안 되나요?

최 진보냐 보수냐 문제와 이어져 있는 게 바로 무상급식 정책입니다. 정치적 견해에 따라 지역마다 무상급식 진행에 편차가 있지요.

우 대구는 소득에 따른 무상급식을 하고 있는데 그 비율이 초등학교는 57퍼센트쯤이고 초·중·고 다 합치면 46퍼센트쯤 됩니다. 이게 재정 위기와 맞물려 있는 것이지요. 우리 지역 특성이 무상급식에 대한 학부모들의 선호가 그렇게 높지를 않아요. 오히려 교육

" 이제 일방적인 강의식 수업은 먹혀들지 않아요. 더 이상 교사가 지식과 정보의 독점자가 아니잖아요. 그래서 2012년부터 교실 수업을 개선하기 시작했습니다. '배움의 공동체'라든지 '거꾸로 교실' 같은 연수를 시작하니까 연수자가 엄청나게 모여들었어요. 협력학습 방법에 관한 연수인데 아이들의 문제해결능력을 키워 주는 토론식 교육이지요. "

의 질, 급식 질을 주장하는 분들이 더 많아요. 그래서 무상급식
은 교육재정 여건 속에서 해결되고 확대되어야 할 부분이지요. 아
이들에게 어떻게 건강한 몸과 마음을 키워 주고 공동체 생활에
필요한 지적 역량을 길러 주느냐에 급식도 한 부분을 차지한다고
봅니다.

인성교육을 교육과정 속에서

최 여러 교육감들이 어린이집 3, 4, 5세 무상보육비와 관련해서 재
정 운영에 어려움이 크다고 말합니다. 대구시교육청은 무상보육비
예산을 일부 편성했던데요.

우 지방교육재정 교부금이 내국세의 20.27퍼센트거든요. 2013년도
까지는 해마다 전체 교육재정이 4, 5조 원씩 늘어났어요. 그런데
지난해에 내국세가 줄어들어 버린 거예요. 살림이 쪼들리게 되면
서 이런 문제가 생긴 거지요. 무상급식 공약은 교육감들이 하고
무상보육 공약은 대통령이 했다며 서로 힘겨루기 하는데요. 대구
시교육청은 긴축해 가면서 무상보육비 8개월분을 편성했습니다.
예를 들어서 대구시에서 우리가 받을 것 좀 당겨 받고, 폐교 재산
가운데 일부는 지방자치단체에 공공용으로 쓰도록 했지요. 예산
부족으로 우리 선생님들 연수비가 많이 줄어든 것이 가장 아쉽습
니다.

최 대구시교육청이 특수교육 정책으로 장애 학생 특성화 고등학교
   설립을 계획하고 있다고 들었습니다.

우 지금까지 특수교육은 돌봄 기능에 지나지 않았어요. '학교가
   아이들을 대신 봐 준다, 최소한의 교육만 한다' 이건 아니잖아요.
   장애 아이들도 자기 스스로 살 수 있게, 또 건강해질 수 있게 체
   육 재활, 신체 재활과 직업 재활을 해 줘야 하는데 못 했거든요.
   그래서 이런 일을 할 수 있는 특수 교육 체계로 모두 바꾸고 있
   습니다. 내년에는 전국에서 처음으로 장애 학생들을 위한 특성화
   고등학교를 세웁니다. 그리고 8개 특수학교 가운데 2개 학교는 체
   육 재활과 신체 재활, 직업 재활을 할 수 있도록 바꾸고 있는데,
   앞으로 우리 교육에서 가장 신경 써야 될 부분이 아닌가 생각합
   니다.

최 대구시교육청이 중학교를 그만둔 학생들을 위해 방송통신중학
   교를 활용한 건 독특한 사례인데요.

우 정부에 요청해서 법을 바꾸고 대구시에 방송통신중학교를 만들
   었습니다. 어른이 아니라 청소년을 대상으로 하고 있지요. 아이들
   을 온라인으로만 교육하는 게 아니고 월, 화, 수는 학교에 나오도
   록 합니다. 그리고 방송통신중학교는 평생교육법 적용을 받아 중
   학교 졸업장을 받을 수 있도록 했습니다.

최 교육감님의 학창 시절 꿈은 무엇이었나요? 교육에 특별한 관심

을 갖게 된 계기가 있는지요.

우 제 꿈대로 된 게 별로 없는데, 그러나 되돌아보면 순간순간 최
선은 다했다는 생각이 들어요. 제가 원래 가졌던 꿈은 기자였습
니다. 그런데 행정학을 전공해서 연구원에 갔다가 외국 유학을 하
고 행정학과 교수가 됐지요. 앞서 말씀드린 대로 결국 교육이라
는 게 행복하게 살 수 있는 역량을 키워 주는 것 아니겠어요? 제
가 대학교수 출신이지만 교육이 인간의 미래 삶을 변화시켜 주는
거라면 대학 교육이나 초·중등교육이나 같지 않겠냐는 생각으로
교육감에 나선 것입니다.

최 재선 교육감으로서 교실 속까지 들여다보는 눈을 가지게 되셨
을 것 같은데요. 앞으로 역점을 둘 대구 교육의 과제라면 무엇인
가요.

우 내년도에 우리가 중점으로 시행할 것은 세 가지인데요. 하나는
인문소양교육을 통해서 인성교육을 교육과정 속에 녹여 보자는
것입니다. 그러려면 현실로는 선생님들이 교육과정을 재구성할 수
있는 능력을 가져야 돼요. 두 번째가 교실 수업을 획기적으로 개
선해 보자는 겁니다. 이게 결국 선생님이 사는 길이고 선생님의
가치가 표현될 수 있는 부분이에요. 세 번째는 대구가 전국에서
가장 먼저, 가장 열심히 하는 것이 학부모 교육인데요. 0~2세 과
정, 유치원과정, 초등학교 1~3학년, 4~6학년, 중학교, 고등학교, 특
성화고 학부모, 장애인 학부모, 이렇게 여덟 단위로 학부모들을

나눠서 2시간씩 10회짜리 교육과정을 만들었습니다.

최 학부모 교육은 매우 중요한 일인데요. 상당히 체계 있게 진행하고 있는 것 같습니다. 학부모 교육 방향에 대한 이야기를 끝으로 마무리 말씀을 해 주시지요.

우 학부모 교육 강사를 450명 정도 양성했습니다. 학교에서 학부모 교육을 진행하고, 학교에 못 오는 분들을 위해서 절과 성당, 교회에 위탁 교육을 시키고 있어요. 또 대형할인매장, 백화점에서도 찾아가는 학부모 교육을 하고, 방송에서도 합니다. 아이들 성장 단계에 따른 교육 방법을 부모들에게 알려 주기 위해 안내서도 만들었어요. 학부모 교육은 우리가 교육을 변화시키는 데 절대적으로 필요한 겁니다. 그래서 대구시교육청에서 하는 평생교육은 모두 학부모 교육으로 바꿨지요. 학부모님들께서 적극 참여하여 따뜻한 교육공동체를 만들어 주시기 바랍니다.

4장

독서 토론 교육으로
미래 핵심 역량을

세종특별자치시 교육감

최교진

▶ 2015. 12. 24.

지역 교육청 없이 시교육청이 직접 전체 학교를 관할하고 지원하는 세종특별자치시 교육청에 왔습니다. 최교진 시교육감을 만나 111개 유, 초, 중, 고가 있는 세종 교육 전반에 관해 이야기를 나누었는데 아직 내보일 만한 게 별로 없다고 겸손해합니다.

세종시 거주 인구의 평균연령이 31살로 어느 시도 지역보다 젊은 도시랍니다. 유아교육에 높은 관심을 반영한 듯 공립단설유치원 설치를 초기 단계부터 계획해서 지금 21곳이나 설립되어 있습니다. 최 교육감은 법적으로 미비했던 유치원의 안전지킴이와 보건교사 배치도 추진해서 유아 공교육의 선도 지역이 될 만합니다. 초등학교 2학년 교실마다 학습도우미를 배치한 정책도 기초 기본 교육 강화에 도움이 될 것 같습니다.

대담을 마치고 나서는데 세종교육청사 벽면에는 '생각하는 사람, 참여하는 시민'이 선명하게 붙어 있었습니다. 전국에서 가장 작은 시도단위 교육청이기에 오히려 가장 알찬 교육을 펼쳐 주길 기대합니다.

1953년생. 사범대학을 졸업한 뒤 충남지역에서 국어 교사로 일하였다. 민주화운동을 하다가 세 번 해직되어 교단 경력은 9년뿐이다. 세종교육희망포럼 대표와 사람사는세상 노무현재단 공동대표를 지냈다. 2014년 지방선거에서 세종시가 생긴 이래 제2대 교육감으로 당선된 뒤 '행복한 아이들이 행복한 세상을 만든다'는 믿음으로 일하고 있다.

평등한 유아 공교육의
새로운 본보기를 만들겠습니다

최창의 세종시교육청이 생기고 나서 두 번째 교육감을 맡게 되셨는데요. 세종시 교육의 목표와 방향은 어떻게 세웠는지요.

최교진 교육감 취임하고 나서 '새로운 학교 행복한 아이들'이라는 전망을 세웠어요. 새로운 학교는 정말로 아이들이 모든 것에서 중심이 되는 학교, 가르치고 배우는 교수학습활동이 핵심이 되는 학교로 바뀌어야 한다는 생각이지요. 세종시 교육지표는 '생각하는 사람 참여하는 시민'입니다. 세월호 참사를 겪으면서 스스로 생각할 수 있고 그 생각에 따라 행동할 수 있는 아이들로 길러야 한다는 뚜렷한 목표가 생긴 겁니다.

최창의 선생님들 얘기를 들어 보면 예전보다 세종시 학교 현장 움직임이 활발해졌다고 합니다.

최교진 그동안 몇 곳에 혁신학교를 운영하고 선생님들이 자율로 전문 학습공동체 모임을 진행하기도 했습니다. 그런 걸 통해서 '선생님들 스스로가 변화하고 있다, 학교가 달라지고 있다, 자유롭게 이야기할 수 있게 됐다'는 평가를 하고요. 학부모님들도 우리 애가 중학생인데 초등학생 때보다 훨씬 더 밝아지고 학교를 빨리 가고 싶어 한다고 해요. 지금 공부하는 선생님이랑 고등학교 때까지 계속 같이 갔으면 좋겠다고도 합니다. 이런 말 들으면 매우 기분이 좋지요.

최창의 세종시나 세종시교육청을 떠올리면 '처음이다', '새롭다'는 느낌이 듭니다. 행정신도시로서 세종시 교육이 가진 독특함이 있을 것 같아요.

최교진 세종시 인구 평균 나이가 서른한 살이에요. 전국에서 가장 젊은 도시입니다. 새로 만들어지는 도심 지역은 유치원이나 초등학교 학생들이 생각보다 엄청나게 많아요. 또 새로 만든 도시이다 보니 새내기 선생님들이 많습니다. 40퍼센트 가까이가 경력 5년 안쪽인 젊은 선생님들이에요. 선생님들이 젊기 때문에 관행에 물들지 않았고 아이들과 소통이 잘되지요. 수업을 열정적으로 하는 것도 좋은 점이고요. 그런데 고등학교에서는 대학 입시 지도하는 데 경력과 경험을 가진 분이 너무 적어서 걱정하는 부모님들도 있습니다.

최창의 어린 자녀를 둔 학부모들이 많으니 유아교육에 대한 관심도

높을 텐데요. 세종시에는 초등학교에 붙어 있는 병설유치원이 아닌 공립단설유치원이 많은 걸로 알고 있습니다.

최교진 새로 만든 도시 지역에는 어린이집이나 사립유치원이 거의 없습니다. 공립단설유치원을 계속 짓고 있고 이미 스물두 곳이 운영되고 있거든요. 세종시 인구가 10만 명 조금 넘는데 22곳이라는 건 매우 많은 거예요. 서울시는 1천만 인구에 공립단설유치원이 50군데가 채 안 됩니다. 세종시는 2017년까지 단설유치원이 6곳 더 늘어나서 31곳이 됩니다. 3, 4, 5세 유아의 60퍼센트 이상을 공립유치원에서 받아들일 수 있을 겁니다. 솔직히 말하면 그동안 유아교육은 국공립이 아닌 사립에 초점이 맞춰져 있었지요. 세종시에서 평등한 유아 공교육의 새로운 모범을 만들어야 한다는 책임감 같은 게 있습니다.

최창의 공립단설유치원이 스물두 곳이나 있다니 놀랍습니다. 유아 공교육화는 세종시가 본보기가 될 수 있겠는데, 새로운 유치원 정책으로는 무엇이 있을까요?

최교진 지금 초·중·고등학교에는 모두 학교안전지킴이가 있습니다. 그런데 유치원은 없더라고요. 초중등교육법이 학교에만 적용되기 때문에 그렇다는 거예요. 그래서 가장 먼저 유치원에 학교안전지킴이를 배치했고요. 그다음으로 보건교사도 유치원에 정작 더 필요한데 없는 거예요. 그래서 법규를 찾아 올해 네 곳을 지원해 봤어요. 그랬더니 정말 만족도가 높아서 내년에는 모든 유치원으로 확대하기로 했습니다.

최창의 세종시교육청은 새로 시작하는 곳이라서 혁신 행정에 대한 기대가 큽니다. 다른 시도와 달리 추진하는 혁신 정책이라면 어떤 것을 들 수 있을까요?

최교진 초등학교 때 학력격차가 생기면 평생 갈 수 있잖아요. 그래서 초등학교 저학년 과정에서 학력격차가 생기지 않도록 2학년 모든 교실에 학습도우미를 배치했습니다. 또 선생님들이 행정업무에서 벗어나 가르치고 배우는 일에 집중할 수 있게 교무행정사를 두어 도와 드리고 있는데요. 규모에 따라 큰 학교에는 두세 명까지 배치하고 있지요. 교육청에서 내려보내는 업무도 꾸준히 줄이고 교육청이 주관하던 온갖 대회는 다 없앴습니다.

최창의 교육감에 출마할 때 학생들의 다양한 교과 선택권을 보장하기 위해서 고등학교 연합교정을 구상한 걸로 알고 있습니다. 남다른 공약이라 다른 지역에서도 주목하고 있는데 어떻게 추진되고 있나요?

최교진 캠퍼스형 고등학교의 기본 발상과 장점은 이런 거죠. 고등학교 세 개 정도를 한곳에 두고 체육시설이라든가 강당이라든가 공연장 같은 공동 시설들을 크게 지어 함께 쓰는 겁니다. 또 영어 선생님이 한 학교에 다섯 명씩이면 세 학교 합해 열다섯 명이잖아요. 그러면 교정 안에서 교과별 연구 모임이 가능하고, 학생 선

“ 세종시는 2017년까지 단설유치원이 6곳 더 늘어나서 31곳이 됩니다. 3, 4, 5세 유아의 60퍼센트 이상을 공립유치원에서 받아들일 수 있을 겁니다. 솔직히 말하면 그동안 유아교육은 국공립이 아닌 사립에 초점이 맞춰져 있었지요. 세종시에서 평등한 유아 공교육의 새로운 모범을 만들어야 한다는 책임감 같은 게 있습니다. ”

택권에 있어서도 제2외국어 같은 경우 선택의 폭이 넓어지지 않겠습니까? 올 초부터 전담팀을 꾸려서 교육과정과 건축 같은 문제를 계속 논의하고 있으니 2017년쯤에는 어느 정도 계획이 나올 걸로 압니다.

스물다섯 가지 1등이 함께

최창의 세종시는 스마트교육 시범지구로 알고 있습니다. 스마트교육에 대해서는 사실 찬반양론이 있어요. 정부가 한때는 스마트교육을 전국으로 넓히려다가 유보하기도 했지요.

최교진 스마트교육을 하려면 해결할 과제가 많은 건 사실이에요. 세종시 학교에 개인용 태블릿, 전자 칠판, 외국 학교와 화상 수업을 할 수 있는 시스템 같은 건 갖춰져 있어요. 그런데 그 기기를 활용할 만큼 콘텐츠가 충분하지 않습니다. 콘텐츠 개발을 하려면 엄청난 비용이 뒤따르는데 국가에서 그걸 다 뒷받침할 수가 없는 거죠. 그래도 초등학교는 어느 정도 콘텐츠가 있어서 활용도가 좀 높은데 중·고등학교로 갈수록 콘텐츠가 적어서 활용도가 낮지요. 전자 기기를 주기적으로 교체할 때 들어갈 돈도 엄청나고요. 그래서 우리 교육청은 되도록 예산은 아끼면서 최대한 수업에 활용할 방안을 고민하고 있습니다.

최창의 세종시도 제주도와 같은 특별자치 지역 아니겠습니까. 제주도처럼 어느 정도 독립적이고 자율적인 교육행정 권한이 보장되어 있는지요.

최교진 아쉽게도 제도로써 특별히 보장된 것이 없어요. 일반 시도 교육청하고 다른 점이라면 2020년까지는 교육재정교부금을 25퍼센트 안쪽에서 더 줄 수 있다는 정도입니다. 제주특별자치도와 세종특별자치시는 거의 같은 자치 개념인데도 워낙 차별이 크기 때문에 자율학교의 교장, 교감 공모제와 교육예산 배정 문제를 특별법으로 선포해 달라고 건의했습니다.

최창의 우리 학교 현장은 우리에게 걸맞은 교육 철학을 바탕으로 혁신해야겠지요. 그런 면에서 성래운, 이오덕 선생님 같은 교육자들의 교육 철학을 어떻게 받아들이시는지요.

최교진 대학에서 교육학과 교육심리학을 배웠지만 어떤 생각을 가지고 아이들을 바라봐야 하나, 아이들을 교실에서 어떻게 도와야 하나, 교사는 아이들 앞에 어떤 존재가 되어야 하나, 이런 것에 대한 뚜렷한 생각도 없이 교사자격증을 받았던 것 같아요. 그런데 1970년대 후반에 나온 이오덕 선생님의 《삶과 믿음의 교실》이나 성래운 선생님의 《인간 회복의 교육》 같은 책들은 아이들을 올바른 눈으로 보게 해 준 교과서였어요. 제가 세종시 교육에서 추구하고 아이들한테도 늘 얘기하는 게 1등부터 25등까지 줄 세워 배우는 교실을 하지 않겠다는 겁니다. 스물다섯 가지 1등이 함께 살아가는 교실을 만들어야 한다고 강조하는 게 결국 이오덕 선생님께 배운 정신입니다.

최창의 이오덕 선생님은 아이들이 표현을 하는 데 있어서 중요한 하나가 학급회의라 했습니다. 세종시에서 학생 자치활동은 어떻게 이루어지고 있습니까?

최교진 요즘에는 학생들이 자치활동을 할 수 있도록 자치 공간, 학생회실을 따로 마련해 달라는 요구가 많아요. 매우 타당한 요구이지요. 교장실 따로 있고 선생님들도 교과실이 있는데 아이들만 자기 공간이 없다는 건 말이 안 되잖아요. 그런 공간을 마련해 주는 일에 힘쓰고 있습니다. 세종시는 거의 모든 학교가 민주적으로 학생회장 선거를 하고 있는데요. 학생회 선거 때 지킬 수 없는 공약은 아예 내세우지 말도록 지도하고, 대신 들어줄 수 있는 것은 교육청의 도움을 받아서라도 꼭 지켜 주라고 합니다.

최창의 교육감이 되기 이전에는 참교육 운동에 누구보다 앞장섰고 그에 따른 고초도 많이 겪었지요.

최교진 제가 교사를 하면서 세 번이나 해직이 됐습니다. 근무한 세 학교의 경력을 다 합쳐도 10년이 채 안 돼서 교육위원도 나서지 못했어요. 이전에 함께 참교육 활동을 했던 교육감님들이 전국에 여덟 분 계신데요. 그 가운데 저를 뺀 일곱 분은 교육위원 출신이라서 교육행정에 상당히 깊은 이해를 갖고 있지요. 사실 저는 예산이라든가 교육일반행정에 관해 아직도 모르는 게 있어서 부지런히 공부하고 있습니다.

최창의 대담을 마치면서 세종시 교육을 앞으로 어떤 방향으로 이끌어 갈지 말씀해 주시지요.

최교진 학교를 새롭게 변화시키는 일을 꾸준히 해 나가겠습니다. 그런 가운데 경쟁보다는 협력이 중심되는 학교 문화와 민주적인 소통 문화를 만들어 나갈 것입니다. 또 2017년도부터 우리 지역도 고교평준화를 할 수 있게 되었습니다. 고교평준화를 통해 학습능력뿐만 아니라 건강하게 살아갈 수 있는 능력, 동료를 배려할 줄 아는 능력 들이 올라가는 상향평준화를 이루도록 하겠습니다. 특히 좀 더 많은 지역 주민들이 참여할 수 있는 올바른 지역교육 공동체를 만들기 위해 노력하겠습니다. 세종특별자치시를 세종교육특별자치시로 만들도록 최선을 다하겠습니다.

전라남도 교육감

장만채

▶ 2016. 2. 23.

전라남도 장만채 교육감을 만났습니다. 두 번째 연임하고 있는 장 교육감님은 생각했던 것보다 외모와 목소리가 차분해 보이는군요.

자신이 진보 교육감으로 분류되지만 지금까지 급격한 변화보다는 조금씩 점진적인 개혁 기조로 교육행정을 펼쳐 왔답니다. 자신의 임기 중에는 교육의 밭을 갈고 다다음 교육감 즈음에 꽃을 피울 수 있게 하겠답니다. 전남 교육은 학생들에게 꾸준한 독서와 토론 교육을 진행하여 또렷한 성과를 드러내 보이겠다고 합니다. 대담을 하다 보니 교육청이 발의한 교육공동체 인권조례는 의회에서 무산되었을 뿐 아니라 눈에 띄는 혁신교육 정책이 별반 드러나지 않는 느낌입니다.

섬 지역과 농촌 지역 학교가 많은 전라남도의 교육 과제는 도시 지역과 조금 달라 보입니다. 장 교육감이 임기 안에 폐교를 줄이고 농어촌학교에 활력을 불어넣길 기대합니다.

1958년생. 1985년부터 순천대학교 자연과학대 교수로 재직했다. 2006년부터 순천대학교 총장직을 맡아 학교행정을 총괄했으며 2010년에 교육감 선거에 출마하였다. 2010년도에 첫 전라남도 교육감에 당선된 뒤 2014년도에 다시 선출되었다. 순천 YMCA 이사, 미국 플로리다대학교 교환교수, 일본 분자과학연구소 객원 연구원을 역임하였다.

독서 토론 교육으로
학생들의 인성과 자립 역량을
기르겠습니다

최창의 전라남도는 우리나라 서쪽과 남쪽에 걸쳐 있습니다. 평야가 많지만 바닷가와 섬도 있지요. 전남이 갖는 독특한 교육 환경은 어떤가요?

장만채 전남은 전국 상황이 압축돼 있습니다. 전남의 교육 문제를 풀면 우리나라 모든 교육 문제를 풀 수 있어요. 섬이나 외딴곳에 있는 작은 학교부터 대도시의 밀집형 학교까지 다 있기 때문이에요. 사실 수도권이나 대도시들은 교육 환경이 거의 비슷합니다. 하지만 섬 지역 같은 곳은 교육 환경이 열악한 편이지요.

최 전남의 어려운 교육 여건 속에서도 6년째 교육감으로 일하고 있는데요. 평소 교육에 대한 생각은 어떻습니까?

장 초·중등교육은 굉장히 보수적으로 할 수밖에 없어요. 검증되지 않은 것을 초·중등교육에서 가르쳐서는 안 되기 때문입니다.

초·중등교육은 미래에 꽃을 피우기 위해서 터전을 닦는 과정이에요. 그런데 우리나라는 입시라는 것에 묶여 가지고 초·중등교육부터 꽃을 피우려고 그래요.

정보와 지식 기반 사회로 간다고 했을 때는 우리 교육 체계 자체가 바뀌어야 돼요. 전남에서는 아이들에게 무엇을 가르쳐야 하는가에 대한 본질에 중심을 두고 있습니다. 당장 성적에 많은 영향을 주지 못할지라도 인생을 50년, 60년 놓고 봤을 때 어떤 교육이 중요한가 생각해야 돼요.

최 장만채 교육감님은 진보 교육감으로 알고 있습니다. 하지만 재선까지 했는데도 과감한 변화와 혁신이 미약하다는 소리가 들리거든요.

장 저는 우리 아이들 교육에 가장 필요한 것에 중심을 두고 보거든요. 그래서 정책이나 사안마다 진보적일 수도 있고 보수적일 수도 있어요. 두 발자국이 모두 움직였을 때를 변화라고 말한다면 우리 전남교육청은 반 발자국만 뗍니다. 나머지 반 발은 내 다음 교육감이 떼라는 거예요. 그렇게 4대 교육감 정도 가야 두 발이 떼어지고 그런 변화만이 지속가능하다는 거지요. 전남교육청이 조금은 더디게 가는 듯하지만 앞으로 5년, 10년 지나면 전남 교육의 위상이 달라질 것이라고 봅니다. 우리가 지금 독서 토론 교육으로 교육한 학생들이 사회에 나갔을 때는 차원이 다른 역할을 할 것이라고 보는 거예요. 이게 전남 교육의 소리 없는 변화이고 큰 물결이라고 생각합니다.

최 전남 교육이 '꿈을 키우는 교실, 행복한 전남 교육'이라는 목표를 내세우고 있지 않습니까? 그런 목표를 내세우게 된 배경이 있을 텐데요.

장 사람은 혼자 살 수 없으니 더불어 사는 인간을 만들어야 됩니다. 인간과 인간이 공존하고 인간과 자연이 공존하는 것이지요. 결국 사람은 다른 생명체들과 공존해서 가는 거예요. 그게 인성입니다. 전남 교육의 핵심은 바른 인성을 바탕으로 자기 역량을 갖추는 것입니다. 자기 역량은 자기 판단력이에요. 나중에 사회에 나와서 자립할 수 있는 사람이 되도록 해야겠다는 게 전남 교육의 목표입니다. 어떻게 인성과 역량을 기르겠느냐고 했을 때 그 구체 방안이 독서 토론이고요.

최 말씀하신 대로 전남은 독서 토론 수업을 역점 사업으로 추진하고 있습니다. 지난해에는 청소년들이 시베리아 횡단 열차를 타고 독서를 하면서 토론한 걸로 알고 있습니다.

장 우리가 독서 토론에 수업 시간의 10퍼센트를 쓰게끔 하고 있어요. 국어를 1년에 200시간 한다면 20시간 정도는 토론 수업을 할 수 있게 합니다. 3년 동안 준비 과정을 거치며 실제로 여러 방식을 해 보았어요. 시범으로 해 보고, 수업에서도 했는데 올해 안에는 교육과정 답안을 만들어 내려고 해요. 올해 답안이 만들어지면 내년부터 정규수업화 과정에 들어갈 생각입니다. 시베리아 횡단 열차를 타고 독서 토론을 하는 것은 학생들한테 동기부여를 하는 측면이 있고요. 또 시베리아는 우리 민족의 아픈 역사가 스며 있는 곳입니다. 그래서 민족의식, 역사의식을 갖게 하고, 그다음에 극한 상황을 이겨 나간다는 측면도 있습니다. 2주 동안 열차를 타고 그 안에서 생활한다는 게 보통 힘든 게 아닙니다. 극기이고 협동입니다. 그리고 광활한 시베리아 벌판을 보면서 큰 뜻을 키우라는 뜻도 있습니다.

농어촌 소규모 학교를 살려야

최 여러 시도에서 혁신학교를 추진하고 있는데, 전남의 경우는 '무지개학교'를 지난 임기 때부터 운영해 오셨지요. 무지개학교는 어떤 것에 강조점을 두고 있습니까?

장 현재와 같은 주입식 교실 수업은 학생들이 지식을 쌓는 데는 도움이 될지 모르지요. 하지만 세상을 살아가는 지혜와 인생을 가르치는 데에는 여러 가지 한계가 있습니다. 그래서 무지개학교는 직접 경험 위주의 여러 가지 농촌 체험이나 직업 체험 또는 자기 숨은 역량을 드러낼 수 있는 특기 프로그램들을 다양하게 해 봄으로써 지식이 아닌 지혜를 쌓을 수 있게끔 합니다. 다양성을 갖고 저마다 꿈을 키워 주자고 해서 무지개학교라고 했어요. 큰 틀

" 주입식 교실 수업은 세상을 살아가는 지혜와 인생을 가르치는 데에는 여러 가지 한계가 있습니다. 그래서 무지개학교는 직접 농촌 체험이나 직업 체험 또는 자기 숨은 역량을 드러낼 수 있는 특기 프로그램들을 다양하게 해 봄으로써 지식이 아닌 지혜를 쌓을 수 있게끔 합니다. 다양성을 갖고 저마다 꿈을 키워 주자고 해서 무지개학교라고 했어요. "

에서 미래 사회를 대비하고 학생들의 꿈이나 끼, 역량을 길러 주는 방향으로 교육이 가야 된다는 뜻에서 혁신학교와 크게 다르지 않습니다.

최 전남에는 작은 농어촌 학교와 다문화가정 학교도 많지요. 이런 상황 속에서 지역 나름의 특별한 교육정책도 갖고 있을 것 같은데요.

장 사실 농어촌에 있는 작은 학교들 가운데는 다문화가정 학생들이 아니면 유지가 안 될 정도로 그 비중이 높은 학교가 많아요. 다문화 학생이 70퍼센트가 넘는 학교도 있습니다. 그래서 우리는 그 학생들이 정말로 대한민국 국민으로서, 우리 전남 학생으로서 잘 적응하고 숨은 역량을 발휘할 수 있도록 해 줘야 한다고 생각합니다. 다문화 학생들과 우리 학생들이 함께 어울리고 소통하고 체험할 수 있는 동아리를 국악, 합창, 뮤지컬, 오케스트라, 황실공예 들을 다양하게 운영하고 있습니다.

최 정부가 지방교육재정 효율화 방안을 내세우면서 소규모 학교 통폐합 정책을 가속화시킨다는 발표를 했어요. 앞으로 이 문제를 어떻게 대응할 건가요?

장 농어촌의 소규모 학교 통폐합은 사실 심각한 문제입니다. 농어촌 학교가 소규모라고 해서 폐교를 시키면 학생들이 다시 도시로 가게 돼요. 지금과 같은 상태로 수도권 인구 과밀이 지속된다면 우리나라는 동맥경화처럼 스스로 헤어 나올 수 없는 상태에 빠져 버릴 거예요. 수도권 인구를 분산시키려면 농어촌 학교를 살려야 합니다. 그리고 초·중학교 교육은 의무교육입니다. 의무교육은 국가가 책임을 지는 거예요. 학교에 학생이 적고 많고가 문제가 아니에요. 그래서 학교 통폐합을 초·중등교육에 일방으로 적용해서는 안 된다고 봐요. 그런데 고등학교는 문제가 다릅니다. 고등학교는 정부에서 인재 육성 차원에서 제안이 들어온다면 여러 가지 검토를 해 보려고 합니다.

최 요즘 누리과정 무상보육비 문제로 정부와 갈등도 있고 논란이 매우 뜨겁습니다. 현실적으로 시도교육청이 유치원과 어린이집 양쪽 다 무상보육비를 부담하기가 어려운 상황 아닌가요?

장 지금 교육부는 무상보육비 부족에 대한 내막을 다 알아요. 대통령은 교육감들한테 돈을 내려보냈다 그러는데 실제로 돈 준 건 없습니다. 그러면 누군가는 거짓말을 한 거예요. 그럼 누가 거짓말을 한 건가를 놓고 얘기를 해 봐야 될 거 아니에요? 그런데 얘기해 보자 그러면 안 해요. 왜냐면 자기들도 아니까요. 누리과정 무상보육비는 아이들에 관한 일이니까 지금이라도 정부가 교육감들과 학부모들하고 논의해서 타결해 가는 게 좋습니다. 누리과정에 이런 문제가 생긴 것은 대통령 공약으로 들어온 정책을 제도 정비가 안 된 상태에서 먼저 시행부터 했기 때문이에요. 정책, 법률, 예산, 행정에 관한 부분을 정비하고 누리과정이 시행됐어야 하는데 말이지요. 사실 지금부터라도 다듬어야 합니다. 지금 어린 이집 무상보육을 위한 돈은 교육청에서 내고 관할은 복지부가 해요. 그런 데가 어디 있어요? 우리가 돈을 냈으면 책임의 주체가 우리고 권한의 주체도 우리가 돼야죠.

최 전남교육청은 누리과정 무상보육 예산을 몇 개월분 편성하였나요?

장 저희는 유치원하고 어린이집에 5개월분 편성했습니다. 왜 그러냐면 전남은 17개 광역 시도 가운데 가장 못살아요. 그러니까 전남의 어린이집들은 생계형이에요. 한 번 문을 닫으면 다시 열기가 어려운 거예요. 그래서 예산을 안 주면 숨이 넘어가기 때문에 그렇게 연명을 한 겁니다. 제가 어린이집 대표들하고 얘기할 때 "5개월 뒤에는 이제 없습니다." 그랬어요. 저희가 초·중·고등학교 예산 인센티브로 받은 81억 원까지 다 썼어요. 나중에 초·중·고등학교 학부모들이 와서 따지면 할 말이 없는 상태입니다.

최 학생들 얘기를 좀 하겠습니다. 여러 교육청에서 학생인권조례를 제정하고 있는데 전남은 어떤가요?

장 저희 전남에서는 학생인권조례라 하지 않고 교육공동체인권조례라고 해요. 선생님과 학생과 학부모의 권리와 의무, 책임을 규정하는 거죠. 교육 활동이 우선되기 위해서는 학생들은 어떻게 해야 하고, 선생님들과 학부모들은 어떻게 해야 한다는 규정이 필요하지요. 그런데 학생들 권리에 대해 찬반이 엇갈려 의회에서 부결됐어요. 이번 회기에 의원들이 이 조례를 일부 수정해 다시 발의한다고 합니다.

최　재선 교육감으로 지난 5년을 돌아보면서 앞으로 역점을 두어할 일이 무엇인지 마무리 말씀 부탁드립니다.

장　제가 볼 때 모두들 너무 급해요. 너무나 빠른 시일 내에 결과를 얻고 싶어 한다는 거예요. 저는 제 다음다음 교육감이 꽃을 피울 수 있게끔 땅을 일구는 작업만 하겠다고 얘길 해요. 그렇게 할 수 있는 정책의 핵심이 독서 토론이에요. 학생들이 학교에서 다른 것 안 하고 책 읽고 서로 토론만 해도 지금보다 훨씬 낫거든요. 독서 토론을 인성교육, 무지개학교, 모든 교육 활동에 다 접목을 시키는 거죠. 저는 진보, 보수, 시민사회 들에서 무슨 얘기를 해도 잘 안 움직입니다. 우리 애들한테 도움이 되느냐 안 되느냐만 판단합니다. 아니라고 생각하면 누가 와서 얘기를 해도 안 합니다. 그렇게 하니까 당시에는 오해도 있고 반대도 있고 그랬는데 6년을 지내 놓고 보니까 맞거든요. 그러니까 인정을 해 줘요. 우리 전남의 학부모님들과 도민들이 지금은 기다려 주고 인정해 주고 있어서 보람과 고마움을 느낍니다.

부산광역시 교육감

김석준

▶ 2016. 4. 1.

부산은 봄빛이 가득합니다. 부산교육청 앞마당과 뒤안길은 벚꽃이 눈부시도록 환하게 피었습니다.

부산시교육청 김석준 교육감을 만나 1시간 30분가량 부산 교육에 관해 이야기를 나누었습니다. 지난 2년간의 소회를 묻자 점진적이고 합리적인 개혁 정책을 펼치는 중이라 합니다. 당선 초기에 행사장에서 보수단체의 노인에게 빨갱이 교육감이라고 멱살을 잡혔다는 이야기를 들으면서 놀랍기도 하였습니다. 김 교육감은 진보정당 출신임에도 평교사의 장학관 임용이나 내부형 교장제는 추진하지 않을 생각이라고 해서 뜻밖이었습니다.

부산은 토론·토의 교육으로 수업 개선에 힘쓰고 '다행복학교'를 혁신학교 모델로 진행하고 있답니다. 하지만 부산교육청을 둘러싼 시의회와 지역의 보수 분위기가 과감한 변화와 혁신을 추진하기에 만만치 않은 느낌이었습니다.

1957년생. 부산대학교 일반사회교육학과 교수로 재직하였다. 지난 2002년과 2006년에 민주노동당 소속으로 부산시장 선거에 출마했던 적이 있으며 2008년 진보신당 창당 시기에 공동대표를 역임했다. 부산교육포럼 대표와 부산교육희망네트워크 공동대표를 지냈고 2014년 부산시 교육감으로 당선되었다.

토의·토론 수업 활성화로
아이들의 미래 역량을
키우겠습니다

최창의 부산에 와 보니까 완전히 봄이 온 듯합니다. 벚꽃이 활짝 피고 날씨도 따뜻하고요. 2년 가까이 부산 교육을 이끌어 왔는데 소감을 먼저 말씀해 주시지요.

김석준 취임식 한 게 엊그제 같은데 벌써 1년 9개월이 됐어요. 제가 취임식에서 변화와 개혁을 약속했는데 개혁의 속도보다 방향이 더 중요하겠지요. 올바른 방향을 잡아서 점진적, 합리적, 지속적으로 변화시켜야겠다고 판단하고 있습니다. 일부에서는 변화가 더디거나 좀 심하게 표현하면 투항한 거 아니냐 이런 표현도 있는데요. 저는 좀 천천히 가더라도 뒷심을 발휘해서 끝까지 변화를 이뤄 나가야 하지 않나 생각합니다.

최 교육감으로서 부산 지역 교육 여건에 따라 역점을 두어서 추진하는 과제가 있을 텐데요?

김 먼저 제가 취임할 당시에 부산시교육청 청렴도가 17개 시도 가운데 15, 16등 이런 형편이었어요. 아무리 다른 정책으로 노력을 해도 청렴도를 높이지 않고서는 시민들에게 신뢰를 얻기 어렵다는 생각을 했지요. 여러 노력 끝에 지난해 청렴도가 전국에서 7등까지 올랐습니다. 아직 갈 길이 멀지만 일단 자신감을 얻었습니다. 시민들의 가장 큰 관심이 청렴도와 학력인데, 이제는 학력에서 일정한 성과를 만들어 내기 위해 고민하고 있습니다.

최 학력이라는 건 여러 가지 면에서 살펴보고 평가할 수 있을 텐데요, 부산에서는 어떤 면에 주로 힘을 싣고 있는지요.

김 지난해부터 주력하고 있는 게 토의·토론 수업의 활성화입니다. 학교 변화의 핵심은 수업을 바꿔 내는 것인데, 아이들의 미래 역량을 키우는 데는 토의·토론 수업이 가장 유용한 방법이라고 생각합니다. 올해 부산의 초, 중등 교사들 가운데 600명 정도가 토의·토론 전문가 연수과정을 밟고 있어요. 이분들의 역량이 쌓이면 새로운 수업 모델을 보여 줄 수 있을 거라고 봅니다. 또 선생님들이 모여서 '토의·토론 길라잡이'라는 책자를 만들었는데 학교 현장에서 굉장히 반응이 좋습니다. 선생님들이 참여하는 과정에서 스스로가 엄청 변했고, 이렇게 수업 문화가 달라지는 흐름이 만들어지면 자연스럽게 학력도 높아질 겁니다.

최 교실에서 실제로 토의·토론이 활성화될 수 있도록 어떤 지원을 하고 있는지요.

김 부산시 교원 3만 명 가운데 360명 정도가 의욕을 가지고 토론
수업에 참여하고 스스로 역량을 키우고 있습니다. 전체로 보면 아
직은 영향이 크지 않지만 학교 안에서 그런 분들이 한 분, 두 분
씩 생기면 수업 변화가 큰 흐름으로 자리 잡을 겁니다. 가장 중요
한 게 선생님들을 변화시키려는 노력이고, 선생님들 업무 부담을
줄여서 새로운 수업 방법들을 연구할 수 있는 여건을 만들어 주
는 데 힘쓰고 있습니다. 다른 한편으로는 학교 관리자인 교장 선
생님들이 새로운 교육 변화를 받아들이는 게 필요하겠다고 생각
해서 학교장 연수를 강화하고 있습니다.

최 지난 교육감 선거 결과는 학부모들이 새로운 교육을 요구한 것
이지요. 그런데 막상 교육감들이 취임한 뒤에는 기존 교육계의 분
위기나 지역사회의 정치 지형에 따라 정책을 추진하는 정도와 속
도를 조절하더군요.

김 제가 유권자의 35퍼센트 지지를 받아서 교육감이 됐는데요, 저
를 지지하지 않은 65퍼센트의 기대나 바람까지도 염두에 두면서
일을 해 나가겠다고 밝혔습니다. 부산의 국회의원과 시의원 대부
분이 특정 당에 속해 있는 상황이라 그이들 공감을 얻지 않고서
는 변화가 어렵겠다는 판단을 했지요. 그래서 제가 공약한 중학
교 의무급식을 연차적으로 추진하겠다고 먼저 접고 들어가기도
했어요. 2014년 말에 예산이 부족한 형편이었거든요. 제가 먼저

풀어 가야지 끌려가면 안 된다고 생각해서 그렇게 했는데, 그게 오히려 교육감이 합리적이라는 평가를 받는 기회가 된 것 같고, 혁신학교 예산도 살리게 된 게 아닌가 싶어요.

최 그 반면에 변화나 혁신을 바라는 분들의 의견은 다른 것 같습니다. 부산 교육감님이 교육 혁신이 더디고 추진력이 부족하지 않은가 생각하고 있거든요.

김 그런 얘기를 많이 듣는데 되묻고 싶어요. 그러면 제가 안 하고 있는 것은 뭐냐는 거예요. 제 중요한 공약인 혁신학교도 좀 더디지만 진행이 되고 있고요. 주요 공약 가운데 하나인 의무급식은 1학년부터 전면 의무급식을 실시하려다 1, 2, 3학년 30퍼센트 정도씩 급식비를 지원하는 형태로 달라졌는데요, 그렇다고 의무급식을 포기했느냐면 그렇지 않습니다. 올해 30퍼센트 지원했으면 내년에 70퍼센트까지 올리고 그다음에 100퍼센트로 추진합니다. 그러면 경로가 다를 뿐이지 결국 의무급식으로 가는 것이라고 생각하고요. 화끈하게 부딪치면서 뭔가 풀어 가기를 바라는 분들도 있는데, 저는 그렇게 싸우면 백이면 백 질 수밖에 없다고 판단해요. 그래서 다른 방법으로 풀어 가는 노력이 필요하니까 기다려 달라고 하고 있습니다.

최 부산 교육 혁신에 대한 요구는 학교 현장의 실질적인 변화를 바라는 것이라 생각합니다. 여전히 교육계에 비민주적인 관행이 그

❜ 지난해부터 주력하고 있는 게 토의·토론 수업의 활성화입니다. 학교 변화의 핵심은 수업을 바꿔 내는 것인데, 아이들의 미래 역량을 키우는 데는 토의·토론 수업이 가장 유용한 방법이라고 생각합니다. 올해 부산의 초, 중등 교사들 가운데 600명 정도가 토의·토론 전문가 연수과정을 밟고 있어요. 이분들의 역량이 쌓이면 새로운 수업 모델을 보여 줄 수 있을 거라고 봅니다. ❝

대로 남아 있는데 민주적인 학교를 만드는 정책과 사업이 부족한 건 아닌가요.

김 물론 교장 선생님들이 쉽게 바뀌지는 않겠지만 교육청의 여러 가지 사업이나 노력을 통해서 현장이 조금씩 바뀌고 있다고 봅니다. 수업 방식도 바뀌고, 업무를 줄이는 것도 만족할 만큼은 아니더라도 바뀌고 있다는 게 학교 현장의 정서이고요. 그다음에 제가 지역에 가서 교장 선생님들을 만나 변화에 대한 책임과 역할을 강조하면서 느끼기에도 조금씩 변화가 있다고 봅니다. 제가 초심을 잃지 않고 뚜벅뚜벅 가면 3, 4년 차에는 많은 변화가 있을 거라고 생각합니다.

독서와 토의·토론 교육을

최 혁신학교의 정도와 내용도 시도마다 조금씩 다릅니다. 부산에서 추진하는 혁신학교는 어떤 방향으로 어느 정도 이루어지고 있는지요?

김 큰 틀에서 혁신학교라고 했든 '다행복학교'라고 표현을 했든 학교다운 학교가 가장 본질이죠. 그래서 아이들을 배움의 주체로 세우기 위해 수업과 평가 방식도 바꾸고 교원들 관계도 바꾸면 학교다운 학교로 가는 건데요. 이걸 부산의 10개 학교에 해 보니까 10개 학교가 조건에 따라서 다 달라요. 그 과정에서 학부모 만족도가 훨씬 좋아져서 전에는 1지망이 미달이던 고등학교가 지금은 1지망에서 배수 경쟁을 해야 하는 학교로 바뀌었습니다. 이렇게 다행복학교로 가겠다고 하는 마음들이 생겨난 게 큰 성과라고 봅니다.

최 부산형 혁신학교인 다행복학교 가운데 좀 더 두드러진 학교가 있을 텐데요.

김 초등 같은 경우는 전포초등학교라고 있는데 학교의 모든 구성원들이 거의 100퍼센트 만족하는 학교로 바뀌었습니다. 그 과정에서 앞장선 선생님들이 정말 고생을 많이 하셨지요. 동료를 감동시키는 헌신적인 노력들이 공유가 되면서 성공 사례가 된 거죠. 중학교도 한 군데 있는데 거기는 제가 보기에 기대했던 것만큼 잘 안 된 부분도 있어요. 다행복학교라도 기대 이상으로 변화를 가져오는 곳도 있고 잘 안 되는 곳도 있거든요. 학부모의 협조, 교사들의 역량, 관리자의 지도력 이런 게 다양하게 작용하기 때문이지요. 꼼꼼하게 점검해서 내년쯤 되면 우리 안에서도 충분히 서로 가르치고 배울 수 있는 분위기가 되지 않을까 기대하고 있습니다.

최 부산시교육청에서 추진했던 정책이나 사업 가운데 학교 현장에서 환영을 받았거나 현장을 새롭게 변화시킨 것이라면 무엇을 꼽을 수 있을까요?

김 토의·토론 수업이지요. 올해 같은 경우에 독서 교육과 결합해서 토의·토론을 일반화된 본보기로 만들어 가려고 합니다. 토의·토론 길라잡이와 자료집을 만들어 수업에 확산시킨 것은 다른 시도보다 조금 앞서 시작했지만 아직은 개별적인 실험 수준이긴 합니다. 그동안 다른 지역에 견주어 변화에 둔감했던 부산 교육 현장을 꿈틀거리도록 만드는 게 앞으로 남은 제 역할이라고 생각합니다.

최 토의·토론 교육을 내실 있게 진행하려면 독서 교육이 뒷받침되면 좋을 것 같습니다. 독서나 글쓰기 교육은 어떻게 진행할 계획인지요.

김 독서와 수업이 따로 있는 게 아니라 수업 시간에 읽고 그걸 통해서 문제를 풀어 가야 하는 거라고 생각합니다. 그래서 수업 내용하고 책 읽기를 어떻게 결합시키면서 풀어낼 건가 고민하고 있습니다. 독서는 중요하지만 동시에 자기 자유의지에서 정말 자유롭게 책과 가까워져야 하고, 모든 교사들이 부담 없이 할 수 있는 새로운 바람이 일어나야겠지요. 보여 주기식 또는 무슨 평가를 위한 독서가 아니고 자연스럽게 수업 과정에서 책 읽기를 녹여내는 방법을 어떻게 찾을 건지 고민하고 있습니다.

최 교육감님은 어린 시절에는 어떻게 생활하였나요? 아무래도 지금 아이들과는 한참 달랐겠지요.

김 저는 부산에서 가장 가난한 동네에서 자랐기 때문에 여름에 용
돈 벌려고 아이스케키 장사도 하고 그랬어요. 또 주물공장 이런
데서 쇠를 빼고 남은 찌꺼기를 길에 뿌려서 진창을 막는데, 그 안
에 쇠가 조금씩 붙어 있어요. 그러면 호미 갖고 그 쇠를 떼서 모
아다 엿 바꿔 먹기도 했어요. 놀 게 없으니까 맨날 산에서 놀다가
싸움박질도 하고 그랬지요. 그때는 중학교 입시가 있어서 5학년
때까지 그렇게 놀다가 6학년부터는 입시 공부를 하느라 한 문제
틀리면 발바닥 한 대씩 맞고 그랬지요.

최 앞으로 부산 교육에서 좀 더 힘써 하실 일이나 학부모님들께 하
고 싶은 말씀으로 마무리하지요.
김 학부모님한테 말씀드리고 싶은 건 부산 교육이 쉽지는 않겠지
만 토끼 두 마리를 잡아야 한다는 겁니다. 하나는 현실적으로 당
장 발등에 떨어져 있는 대학 진학입니다. 다른 하나는 아이들이
세상을 살아갈 역량을 기르는 것인데 이게 더 중요합니다. 어떻게
보면 이율배반적이기도 하지만, 서로 분리된 것이 아니기 때문에
이 두 마리 토끼를 같이 잡을 수 있도록 힘을 기울여야 합니다.
많은 관심을 갖고 믿고 기대해 주시면 좋겠습니다.

경상북도 교육감

이영우

▶ 2016. 4. 6.

경북교육청이 새로 이전한 안동시로 교육감과 대담하러 왔습니다. 안동 새도시 허허벌판
에 기와로 지붕을 올린 새 교육청사가 우뚝 서 있습니다.

이영우 경북교육감은 전국에서 유일한 3선 교육감입니다. 지금까지 8년간 경북 교육을
이끌어 오고 있는데 그 나이도 72세가 되었습니다. 교실 수업을 학생 중심 토론 수업으로
바꾸는 것을 특색 사업으로 5년에 걸쳐 추진하고 있는데 아직도 부족하다고 합니다. 경
북에서는 '명품학교'를 모델 학교로 운영하고 있는데 그 내용이 다른 시도의 혁신학교나
자유학기제와 크게 다르지 않을 거라고 말합니다.

보수 성향 교육감이지만 교육감 직선제를 일부에서 폐지하려는 움직임에 대해서는 분명
하게 반대를 한답니다. 직선제를 유지해야 교육 민심을 바로 알고 교육의 정치 중립성을
지킬 수 있다고 강조합니다.

1945년생. 현재 전국에서 유일한 3선 교육감이다. 1973년 교사로서 교육계에 몸담았으며 교사와 장학사, 교장을 두루 거친 뒤 2002년 이후 6년간 경북도 교육청 교육국장 등 교육행정을 담당하였다. 2009년 초대 주민직선 경상북도 교육감에 당선됐으며, 2010년에 이어 2014년도 교육감 선거에서 세 번째로 교육감에 선출되었다.

학생활동중심 수업과
동아리 활성화로
학교를 바꾸겠습니다

최창의 새로 교육청사를 옮겨서 많이 바쁘실 텐데 이런 대담 자리를 만들어 주셔서 고맙습니다. 안동에서 경북교육청의 새 역사가 시작되는군요.

이영우 새 청사로 옮기는 데 시간이 많이 걸렸습니다. 막상 옮기고 나니 부족한 점도 많고 그렇지만 여기 터가 참 좋답니다. 건물 모습도 전통식이고 안동이 유교적인 고장이니까 기와지붕을 올렸습니다. 대구에 50년 동안 있다가 새 청사로 왔는데 저로서는 큰 영광이고 보람입니다. 이 청사를 짓기까지 열아홉 번 정도, 자주 왔다 갔다 했습니다.

최 현재 3선 교육감으로서 8년 정도 경북 교육을 이끌어 오셨는데요. 그동안의 소감이나 보람을 말씀해 주시겠어요?

이 제가 처음엔 중, 고등학교 국어 선생이었습니다. 교사부터 교감,

장학사, 그리고 교장, 도교육청의 장학관을 하면서 시도 평가를 받으면 항상 우리가 중간 정도밖에 안 됐어요. 그런데 교육감이 되고 나서 교육이라는 것은 관심 정도에 따라서 성과가 나타나는 구나 하고 느꼈습니다. 좀 부족한 분야는 특별히 행사에 참여하고 대담도 하고 이러면 달라지고 발전해요. 그게 교육감의 보람이 죠. 힘이 들 때는 어려운 판단을 할 때예요. 그런 경우에는 토론 과정을 거치거나 해서 최종 판단을 내리려고 합니다.

최 각 지역 교육청마다 내세우는 교육의 목표가 있지 않습니까? 특색 사업도 있고요. 경상북도 교육의 지표와 특색 사업은 어떠한가요?

이 이제는 강의식 수업을 없앨 때가 됐습니다. 질문하고 토론하고 대화하고, 교사가 아닌 학생 활동이 많아지는 수업이 되어야 하는데요. 그래서 제가 '학생활동중심 수업'을 밥 먹듯이 외치고 다닙니다. 이것이 교실 개혁이고, 교육 개혁의 출발이고 핵심입니다. 또 하나는 학교폭력, 인성 이런 것 때문에 참 어려워하는데, 저도 어떻게 하면 학생들이 올바른 인성과 조화로운 사회성을 가질 수 있을까 고민했습니다. 동아리 활동이 가장 낫겠다 싶어 공부 동아리, 취미 동아리, 운동 동아리를 지원해 보니까 효과가 괜찮아요. 다른 하나는 특성화고등학교 학생들 취업을 시키는 데 역점을 두었습니다. 경북 57개 특성화고 취업률이 올해 4월 1일 국민건강보험에 잡힌 통계를 봤는데 61퍼센트입니다. 4년제 대학의 취업률이 56퍼센트가 안 되는데 매우 높지요.

최 교실 수업의 변화, 이것은 전국 모든 교육감님들이 갖는 핵심 목표 같습니다. 경상북도가 강조하는 학생활동중심 수업은 시작한 지 5년이 지났는데 어떻게 달라지고 있습니까?

이 교사 혼자 이야기하고 학생들은 받아쓰고 하던 수업 방식을 학생활동중심으로 바꾸려고 하니까 이게 쉽지 않습니다. 그래서 제가 온갖 이야기를 다 하면서 강조하고, 교사들에게는 학생활동중심 수업 연수를 시킵니다. 학교와 지역 교육청 단위로 노력하고, 또 지도할 강사를 지역별로 계속 양성하는데도 제가 원하는 목표에 한 30퍼센트쯤 도달했을까요? 수업 연구교사, 수업 선도교사, 수업 명인 같은 걸 만들고 시상도 하면서 온갖 걸 다 하는데 쉽게 안 고쳐져요. 하지만 이것이 우리나라 교육 틀을 바꾸는 하나의 계기가 되어야 한다고 계속 얘기를 하고 다닙니다.

최 교육감님 기대치만큼 안 된다고 해도 교실 수업의 중요성을 깨닫고 열심히 노력하는 선생님들은 많지 않은가요?

이 거꾸로 수업이라는 것도 있고, 하부르타 수업이라는 것이 있지요. 그런 방법을 받아들여서 다양하게 실천하고 있는 선생님들이 있는데 보통 젊은 교사들입니다. 아직도 많은 교사들이 옛날 강의식 수업을 하지요. 그래서 그것을 바꿀 수 있도록 원격연수 같은 노력도 합니다. 또 경상북도에는 교과별 연구회가 63개 있는데 이런 수업을 하는 사람을 내세워서 시범수업을 한다든지, 자신이 변화된 과정을 강의한다든지 하고요. 이런 노력을 앞으로 한 4, 5년은 더 해야 교사들의 50퍼센트 정도가 달라지지 않겠나 싶습니다.

최 수업 개선을 위해 여러 가지 지원을 하고 있군요. 그런데 교실에서 아직 그만큼 수업 변화가 일어나고 있지 못해 안타까운 것이지요?

이 그렇습니다. 여름방학 때 교육감들 4명과 같이 영국을 방문했는데 한 중학교를 가 봤어요. 교실 책상 구조가 학생들이 서로 마주 보면서 수업을 하게 되어 있고 선생님은 뒤에 서 있는 거예요. 선생님은 아이들 사이로 다니면서 이야기를 하며 도와주고, 학생들끼리 발표하고 협력하는 수업이 이루어지더라고요. 한때 우리도 이런 식으로 분단 협력 수업하는 제도가 있었습니다. '열린 교실'이라고 옛날에 서울 중심으로 바람이 일어났지요. 시작종도 없어야 한다, 복도도 없어야 한다, 문 확 열어 놓고 해야 한다 이랬지요. 정말로 이제는 그런 식으로 수업이 개선되고 바뀌어야 해요.

최 경북 교육의 두 번째 특색 사업으로 강조하신 게 학생 동아리 활성화였지요. 동아리 활성화를 정책 사업으로 삼은 어떤 계기가 있었나요?

" 이제는 강의식 수업을 없앨 때가 됐습니다. 질문하고 토론하고 대화하고, 교사가 아닌 학생 활동이 많아지는 수업이 되어야 하는데요. 그래서 제가 '학생활동중심 수업'을 밥 먹듯이 외치고 다닙니다. 이것이 교실 개혁이고, 교육 개혁의 출발이고 핵심입니다. 또 어떻게 하면 학생들이 올바른 인성과 조화로운 사회성을 가질 수 있을까 고민했습니다. "

이 제가 경주에서 교장을 할 때가 2000년이었는데, 학생 자체 동아리가 10개쯤 있더라고요. 자기 동아리를 신입생한테 소개하는 시간을 2시간 줄 테니 한 달 동안 준비해 보라고 했습니다. 그다음에 아이들을 전부 모아 놓고 동아리들이 발표를 하는데, 연극을 하거나 영상 화면도 만들고 온갖 걸 다 하면서 서로 신입생들을 데려가려고 애쓰더라고요. 자기들 스스로 신나서 그러는 걸 보고 실마리를 얻어서 교육감이 된 뒤에 동아리 활성화 정책을 세워 학교 현장에 널리 퍼뜨렸습니다.

1만 개 학생 동아리 만드는 목표

최 아이들이 스스로 꾸려 나가는 동아리를 1만 개 만들겠다는 계획을 세우셨다고요.

이 구미여고라고 있는데 학생 수가 한 천 명쯤 됩니다. 가을에 동아리 축제를 하는데 그 학교에 130여 개 동아리가 있답니다. 또 김천의 자율형 사립고등학교에는 동아리가 353개 있답니다. 한 학생이 2개에서 3개 동아리를 하고 있고, 학생들이 동아리 활동을 잘해서 수시모집 자료로 활용한답니다. 그런 걸 봤을 때 2018년까지 1만 개 동아리가 충분히 가능하다고 봅니다. 그런데 동아리는 자생 동아리여야 돼요. 선생님이 이동해 가면 없어지는 그런 동아리는 안 된다고 생각합니다. 동아리 활동 활성화가 인성, 사회성 키우는 데 최고이고, 졸업한 뒤에도 선후배 사이가 동아리로 연결이 되지요.

최   전국 곳곳마다 혁신학교를 중심으로 해서 학교 변화를 꾀하고 있는데요. 경북의 '명품학교'는 어떤 목표나 내용을 가지고 움직이는지요.

이   명품학교의 기본은 학생이 즐거운 학교가 되어야 한다는 것입니다. 우리 학생들이 노래하고 춤추고 운동하는 것을 가장 좋아해요. 그러면 노래하고 춤추고 운동하는 것을 우리가 어떻게 도와줄까요? 바로 1인 1악기를 다루도록 하는 겁니다. 그러면 최고의 인성교육이 됩니다. 영광중학교라는 작은 사립학교가 있는데, 미술 선생님이, 학교에 안 나오고, 성적도 나쁘고, 계속 싸움질이나 하는 학생들을 지도해 보니까 말이 먹히지 않는 거예요. 그래서 그 학생들 8명을 데리고 모둠북 치는 연습을 했대요. 한 여섯 달 하니까 아이들이 전혀 결석을 하지 않고 공부도 잘하고 착해지더랍니다.

최   명품학교에서 아이들과 교육이 달라지고 있군요. 명품학교가 중점을 두는 교육과정은 무엇입니까?

이   악기 연주와 운동, 이 두 가지를 명품학교 속에 넣고, 학생활동 중심 수업이랑 동아리 활동을 진행하면서 현장 체험 학습을 많이 다니라는 것입니다. 이제 책상 앞에서 책으로만 받아들이는 지식은 옛날 지식이고 사람은 움직이면서 현장 체험을 해야 합니다. 사실은 우리가 이렇게 추진하고 있는 핵심 사업을 모아서 정부가 자유학기제라는 이름으로 포장해 내놓은 거예요. 그걸 보고 교육이 서로 다른 것 같지만 결국 핵심은 모두 같구나 생각했습니다.

최　직선제 교육감으로 3번이나 선출되셨기 때문에 가장 정확하게 이 문제를 얘기하실 수 있을 것 같아요. 일부에서 선거 과정의 폐해를 들면서 교육감 직선제 폐지를 주장하고 있거든요.

이　선거 때 현장에 가서 들어 보니까 온갖 이야기를 다 하는 거예요. 첫째, 할머니들하고 아주머니들이 "이놈의 사교육비 때문에 못살겠다. 교육감 되면 어떻게든 사교육비 좀 낮춰 달라." 하고 정말로 간절하게 호소를 하는데 현장에서 듣는 느낌이 사뭇 다릅니다. 둘째, "우리 아이가 어디 가서 맨날 돈 뺏기고 두드려 맞고 온다." 그런 이야기를 구구절절 듣자면 학교폭력을 어떤 식으로든 잠재워야 되겠다는 결심이 서게 되더라고요. 이런 상황을 직접선거가 아니면 접할 수 없습니다. 손 붙들고 이야기하고, 마주 앉아 대화하면서 민의가 직접 반영되는 것이 선거라는 걸 체험했습니다.

최　교육감 선거 비용이 많이 든다거나 얼굴도 제대로 모르면서 찍는다고 하는데요.

이 그러면 군의원, 시의원 이런 사람들은 누가 제대로 압니까? 촌에 있는 사람이 도지사를 어떻게 압니까? 적혀 있는 경력 보고 찍고 이러지 사실 잘 모르거든요. 교육감 직선제 폐지한다는 말은 시도지사 직선제도 폐지해야 한다는 것과 마찬가지입니다. 직선제를 하는 까닭은 민의를 피부로 느껴서 교육정책에 반영하고, 교육부에게 휘둘리지 않고 지역 특색에 맞는 교육을 하기 위해서입니다. 그런 쪽으로 생각해 볼 때 선거 비용은 교육을 하기 위한 하나의 필요 경비인데 직선제 폐지는 말도 안 됩니다. 교육감 선거는 차츰 정착이 되어 가고 있어요. 지방자치시대에 교육도 꼭 자치가 되어야 해요.

최 마지막으로, 안동 시대를 맞이하는 교육감님의 각오나 청사진을 간략하게 덧붙여 주시죠.

이 안동청사로 옮겼는데 여기가 어떤 곳이냐면 바로 옆의 영주, 예천과 함께 선비문화, 양반문화, 유교문화의 삼각지가 형성되는 곳입니다. 이곳은 소수서원, 도산서원, 병산서원과 퇴계 선생 같은 유학자도 있고 해서 인성교육을 중시하는 시대적 요청과 잘 맞아떨어지는 곳이에요. 조상의 문화와 인성교육을 활성화시키고 체험 학습을 강화해서 참된 인재를 키우는 것이 제 임무라고 생각합니다. 앞으로도 경북 교육에 많은 관심과 지원을 부탁드립니다.

울산광역시 교육감

김복만

▶ 2016. 5. 31.

17곳 시도 교육감과 진행한 대담 마지막 차례는 울산시 김복만 교육감이 되었습니다. 김복만 교육감은 여러 통로로 대담 약속을 잡으려 노력했지만 결국 직접 만나지는 못했습니다. 선거법 위반 혐의 등 교육청 내부 사정을 들어 어려움을 호소하는 바람에 17명의 교육감 가운데 유일하게 서면 대담으로 진행할 수밖에 없었지요.

울산시 교육 전반과 교육감의 정책 방향을 묻는 질문을 15개항 정도 보내고 답변을 받았습니다. 그 내용을 보니 울산교육청이 거둔 교육의 성과를 전국 순위로 수치화해서 강조하는 것을 알 수 있었습니다. 국가수준 학업성취도평가 결과, 학생건강체력도, 학업중단 대책 등 중요한 분야의 상위권 등수나 우수 등급을 빠짐없이 답변에 표시해 주었습니다.

학생건강체력을 강화하기 위해 여러 사업을 펼치는 것이 색다르게 보였습니다. 울산시 교육이 체력 못지않게 청렴성이 강화되어 시민들에게 신뢰를 받길 바라는 마음 간절합니다.

1947년생. 2010년 울산시 교육감으로 처음 당선되어 4년 동안 재임한 뒤 2014년 보수단일후
보로 추대되어 두 번째 선출되었다. 울산공고를 졸업하고 공과대학에서 박사 학위를 취득한 후
울산대학교 산업경영공학부 교수로 재직했다. 울산시 정무부시장, 울산상공회의소 고문, 울산
대학교 산업대학원 원장 등을 지냈다.

학력과 인성, 창의성을 키워
행복교육도시 울산을 만들겠습니다

최창의 교육감으로 재선출되어 6년 넘게 울산광역시 교육행정을 이끌어 왔습니다. 그동안의 소감과 성과를 말씀해 주시겠어요?

김복만 뒤돌아보면 지난 6년은 교육 현안에 대해 고민하고 현장을 누비며 애쓴 일들이 하나둘 결실을 거두는 시간이었습니다. 울산교육청은 학력, 인성, 체력, 특수교육 같은 여러 분야에서 '행복교육도시'가 되기 위한 밑바탕을 튼튼하게 다졌지요. 국가수준 학업성취도평가 결과도 최근 4년 잇달아 전국 최상위권에 자리하였고, 학생건강체력도 2년 연속 전국 1위에 올랐습니다. 또한 학업중단 대책 우수 교육청으로 2년 내리 뽑혔고, 특히 장애인 교육분야 4년 연속 '우수' 등급을 받은 것은 큰 성과라 할 만하지요.

최 산업지역에 자리 잡은 광역시 교육청으로서 좋은 점과 힘든 점이 있을 텐데요.

김 산업수도인 울산은 교육 기반이 잘 갖추어져 있는 편입니다. 울산교육청은 교원단체와 힘을 모아 교권을 바로 세우고 학생들의 학습권을 존중하는 행복교육도시로 자리매김하기 위해 힘쓰고 있어요. 교육청 공무원 및 교육공무직 노조와도 하나 되어 노력하는 상생 분위기를 만들었지요. 2015년에는 공무원 노사문화 우수행정기관으로 뽑히기도 했습니다. 울산시를 비롯한 지자체와도 누리과정 예산 편성, 학생교육문화회관 건립 같은 교육현안 문제를 일찍이 협력하여 매듭지었어요. 진로체험처나 프로그램을 확보하는 데도 지역사회가 많은 도움을 주어서 자유학기제 운영에 큰 보탬이 되고 있습니다. 다만 울산교육연수원 이전이 아직 뚜렷한 성과를 내지 못해 아쉬워요. 이것도 앞으로 교육청과 기초자치단체가 계속 소통하고 협력하면 잘 해결되리라 봅니다.

최 울산시교육청과 학교가 학생들을 어떤 목표로 교육하고 있는지요? 울산시 교육지표와 그렇게 정한 까닭이 궁금합니다.

김 우리 교육청 교육지표는 '바른 인성과 창의성을 갖춘 유능한 인재 양성'입니다. 교육은 학생들에게 오늘을 사는 지혜를 터득하게 할 뿐만 아니라 미래 사회에서 잘 살아갈 수 있는 역량을 길러주는 것이라고 생각합니다. 학생들이 살아갈 미래 사회에서 가장 중요한 핵심 역량은 바른 인성과 창의성일 것입니다. 도덕성은 물론 사람들과 소통하고 협력하는 바른 인성을 먼저 갖추어야지요. 그리고 지식과 정보를 융합하여 새로운 지식과 가치를 만드는 창의성을 갖추어야 미래 인재로 성장할 수 있다고 봅니다.

최 다른 시도에 대면 유달리 학력 증진에 역점을 두고 있는데요. 구체 방향과 학생들에게 어떤 역량을 기르려는 것인지 궁금합니다.
김 울산교육청은 학생들의 학력을 증진시키기 위한 프로그램을 꾸준하게 추진해 오고 있어요. 그 결과 국가수준 학업성취도평가에서 전국 최상위 수준의 학력을 유지하게 되었지요. 앞으로도 학력 증진 맞춤형 교육과정 운영을 통하여 기초학력이 부족한 학생들이 없도록 힘쓰려고 합니다. 온라인 기초학력 진단-보정 시스템과 학습 클리닉 센터를 운영하여 기초, 기본 학습을 책임지고 지도할 생각입니다. 교과학습부진 학생들을 지속적으로 지도하는 기초과정 운영, 맞춤형 멘토링제, 자율 교과학습동아리, 책쓰기 동아리도 지원하여 학생들의 학습 능력을 높이도록 할 것입니다.

최 울산 학생들의 기초학력 미달 비율이 전국에서 낮은 편이고 보통학력 이상은 높은 편입니다. 하지만 대학수학능력시험 결과와는 좀 차이가 있는데, 까닭이 무엇인가요?
김 시도교육청의 학력을 측정하는 방법은 국가수준 학업성취도평가, 대학수학능력시험 들이 있지만, 중학교 3학년과 고등학교 2학년 전체를 대상으로 개개인의 성취수준을 측정하는 성취도평가가 가장 객관적인 자료라고 생각합니다. 그에 견주어 대학수학능력시험은 고등학교 3학년의 약 80퍼센트만 응시하고 시행 목적이 선발이기 때문에 성취도평가와는 차이가 있겠지요. 특히 최근 대학의 수시모집 비율이 70퍼센트에 이르고 일부 대학에서는 수능 시험의 최저 기준을 없애겠다는 수능 무용론이 나오고 있기 때문에 학생 맞춤형 지도가 더욱 중요하다고 봐요. 그래서 우리는 일부 학생을 대상으로 특정 프로그램을 운영하기보다는 학생 맞춤형 프로그램을 지속적으로 운영할 계획입니다.

최 학생들의 건강체력 강화를 적극 추진하고 있는데요. 학생들에게 어떤 활동들을 권장하고 있으며 그 결과는 어떤지요?

김 '건강한 육체에 건전한 정신이 깃든다'는 말이 있듯이 학생들의 건강체력 유지는 학교생활의 가장 기본이에요. 우리 교육청에서는 '함께해요! 행복운동'을 관내 초·중·고등학교에 추진하고 있습니다. 학생들은 일주일에 두세 번씩 0교시, 점심시간, 방과후 활동 시간에 행복운동 프로그램에 참여해 체육·보건·영양·상담교사의 전문 지도를 받아요. 달마다 꾸준히 체력 측정과 관리도 하고 있지요. 이러한 노력으로 2년 연속 학생건강체력 전국 1위, 저체력 학생 비율 2위에 올랐습니다.

최 체력 못지않게 바른 인성과 창의성 교육을 강조하고 있습니다. 실제 교실 수업과 연결되도록 어떻게 지원하고 있는지요?

김 인성교육을 강화하기 위해 12가지 덕목을 선정하고, 이를 수업과 일상생활 속에서 지도할 수 있도록 했어요. '울산 12덕목 예화

" 교육은 학생들에게 오늘을 사는 지혜를 터득하게 할 뿐만 아니라 미래 사회에서 잘 살아갈 수 있는 역량을 길러 주는 것이라고 생각합니다. 학생들이 살아갈 미래 사회에서 가장 중요한 핵심 역량은 바른 인성과 창의성일 것입니다. 도덕성은 물론 사람들과 소통하고 협력하는 바른 인성을 먼저 갖추어야지요. 그리고 지식과 정보를 융합하여 새로운 지식과 가치를 만드는 창의성을 갖추어야 미래 인재로 성장할 수 있다고 봅니다. "

자료집', '울산 12덕목 관련 사이트 목록집', '울산 12덕목 놀이 중심 학습 프로그램'을 개발하여 보급하였습니다. 특히, 할아버지와 할머니가 교실에 찾아가서 담당 교사와 함께 체험 중심의 예절교육을 하여 학생들이 인성을 기를 수 있도록 하고 있지요. 창의성을 위해서는 '행복한 아이(I) 중심 수업' 프로젝트를 추진하고 있어요. 학교마다 모든 교사가 참여하는 주 1회 '수업공감데이'를 운영하고, 학기마다 수업공감 콘서트, 수업개선 역량강화 캠프 들을 열어 학생 참여를 중심으로 하는 수업을 지원하고 있습니다.

고졸 취업으로 능력 중심 사회를

최　지방자치단체와 함께 학생교육문화회관 건립을 추진하고 있는 것으로 알고 있는데요. 주요 시설은 무엇이고 어떻게 활용되는지요?

김　가칭 '학생교육문화회관'은 옛 울산동중학교 폐교 자리를 활용해 전시·공연·교양시설, 평생교육정보시설, 체육시설, 부대시설 같은 다양한 공간을 마련할 계획입니다. 울산광역시청에서 약 160억 원, 중구청에서는 대형 지하주차장을 지원하기로 했습니다. 2018년 7월쯤 문을 열 예정인데 청소년들의 체험 학습, 문화예술 체육 활동과 건전한 여가 선용은 물론 지역 주민을 위한 문화강좌 및 평생교육 프로그램을 운영할 것입니다.

최　올해 자유학기제가 전면으로 시행되고 있는데요. 울산에서 자유학기제는 어떻게 이루어지고 있는지요?

김　울산은 63개 모든 중학교에서 실시하고 있어요. 대부분 1학년 2학기에 자유학기제를 운영하고 한 학교만 2학년 1학기에 운영하고 있습니다. 자유학기제 취지에 맞추어 평가도 과정 중심 평가로 하고, 나이스 교육과정 편제도 '자유학기 활동 상황'들을 기록할 수 있게 하고 있습니다. 또, 교사들의 수업 개선을 위해 자유학기제 교사연구회 13개를 운영하고 있고, 진로체험처와 진로체험 프로그램도 다양하게 개발하여 체험활동에도 내실을 꾀하고 있지요. 특히, 울산 지역 특색을 살리는 다양한 진로체험 프로그램을 개발하도록 노력하고 있습니다.

최　특성화고는 취업역량 강화에 초점을 맞추고 있는 것으로 알고 있습니다. 어떤 상황인가요?

김　울산지역 특성화고 졸업생 취업률은 해마다 꾸준히 올랐어요. 그런데, 올해는 울산지역 제조업체의 동향이 불안정하여 걱정을 많이 하고 있지요. 그렇지만 고졸 취업을 활성화시켜 능력중심사회를 만들고자 하는 취업역량강화사업은 2016년에도 계속될 것입니다. 산업체에서 요구하는 맞춤형 인력을 키우려는 노력도 계속할 계획이지요. 그리고 취업률을 높이는 것도 중요하지만 안정적인 직장생활을 위해서는 취업의 질도 매우 중요하다고 생각해요. 울산지역 특성화고, 마이스터고 학생들의 취업은 질적인 면에서 우수하고, 앞으로도 더욱 좋아질 것으로 기대하고 있습니다.

최 공립대안학교 설립은 다른 시도에 비해 약간 늦은 듯한데요. 지금 추진 상황과 운영 계획은 어떻습니까?

김 대안교육에 대한 시민들의 요구와 학업중단위기 학생 개개인의 특성에 맞는 다양한 프로그램을 제공하기 위하여 공립대안학교 설립을 추진하고 있습니다. 가칭 '울산공립대안학교'는 내년 3월 예전 두남학교 자리에 새롭게 문을 열 예정이에요. 울산공립대안학교는 남학교인데 입학과 전학, 위탁이라는 세 가지 경로로 전입한 학교생활 부적응 학생들로 구성되고, 6학급(중 3학급, 고 3학급, 60명 정원)으로 운영되지요. 수업 내용은 오전 1교시부터 3교시까지는 보통교과 수업을 해서 원적 학교 복귀나 졸업 뒤 고등학교나 대학 진학에 대비하고, 오후 4교시부터 7교시는 연극, 합창, 오케스트라, 바리스타, 요리, 댄스, 목공처럼 학생의 적성을 찾는 대안교과로 진행하게 됩니다.

최 전국적으로 교육복지 예산은 늘고 있는데 교육 환경 개선비는 줄고 있다는 지적이 있습니다. 울산교육청의 재정 상황은 어떤가요?

김 지방교육재정 여건이 어렵지만, 오히려 교육복지 수요는 계속 확대되고 있는 실정이지요. 울산교육청에서는 지역 실정과 특성에 맞는 학생 교육복지사업을 체계적으로 꾸리기 위해 전국 최초로

42개 사업으로 구성된 울산형 학생교육복지 시스템을 운영하고 있습니다. 논란이 되고 있는 3~5세 누리과정을 비롯하여 초등 돌봄교실, 방과후학교, 무상급식 같은 교육복지 수요가 최근 몇 년 동안 큰 폭으로 늘어나고 있어요. 우리 교육청은 이러한 교육복지사업을 재정 여건을 고려하여 해마다 조금씩 확대하고 있습니다. 이를테면, 초등학교 급식비 지원의 경우 2018년 전면 무상급식을 목표로 저소득층부터 단계적으로 확대 시행해 나갈 계획이지요.

최 그 밖에 울산 교육 발전을 기대하는 학부모님들께 덧붙이고 싶은 말씀을 부탁드립니다.

김 울산 교육을 믿어 주신 시민 여러분께 고맙다는 말씀을 드립니다. 울산교육청은 지금까지 거둔 값진 성과를 바탕으로 '베스트 학력 정착', '희망을 다지는 학교문화 조성', '꿈과 끼를 가꾸는 교육공동체 구축' 같은 역점 과제를 실현하고, 끊임없는 열정과 노력으로 '행복교육도시 울산'을 만들려 하고 있습니다. 그동안 지켜보며 격려해 주신 분들께 감사드리고, 앞으로도 한결같은 관심과 성원을 부탁드립니다.

김승환 교육감 특별 좌담회

전국 교육감 임기 2년, 우리 교육을 돌아본다

진행자: 최창의(행복한미래교육포럼 대표)
참석자: 김승환(전북교육청 교육감)
　　　　정성식(이리 동남초 교사)
　　　　안승문(서울시 교육보좌관)
　　　　최은순(참교육전국학부모회 회장)
일시: 2016년 8월 2일
장소: 전북교육청 교육감실

최창의　전북교육청에서 김승환 교육감님을 모시고 여러분과 좌담회를 갖게 돼서 반갑습니다. 이제 전국에서 새로 뽑힌 17명 교육감들의 임기가 2년이 지났습니다. 2년 전인 2014년 6·4 지방선거 당시를 한번 생각해 보면 교육계에 격변이 일어났다고 말할 정도로 혁신적인 생각을 가진 교육감들이 많이 당선되었습니다. 그 당시를 돌아보면서 왜 우리 교육 민심이 혁신적인 교육감들을 많이 선택했던가 하는 얘기를 먼저 해 보겠습니다.

최은순　오늘이 세월호 참사가 벌어진 지 841일째 되는 날이에요. 2014년 4월 16일에 온 국민이 보는 가운데서 우리 아이들이 다 바다에 수장되었잖아요. 충분히 구할 수 있었음에도 구하지 못했다는 그런 의문은 지금까지 계속되고, 그런 의문은 거의 분노에 가까운데요. 그때 그런 일을 겪으면서 우리 학부모들은 '아, 우리 아이들을 이렇게 구해 내지 못하는 게 교육에 문제가 있어서구나. 교육을 바꾸지 않으면 안 되겠다'는 생각을 하게 된 거죠. 돈과 이윤에 눈이 멀어 아이들의 생명과 안전을 등한시한 것에 대해 교육을 통해서 이 사회를 바꾸지 않으면 안 되겠다는 생각을 했었지요.

또 이제는 더 이상 '가만히 있으라'는 수동적인 교육을 해서는 안 되겠다는 생각을 하게 되었어요. 그래서 어떻게든 교육을 바꿔야 하는데 '그 당시 교육 시스템으로는 안 된다, 구태의연한 교육을 이어 주는 그런 교육감이 아닌 다른 교육감이 필요하다' 했을 때 진보라는 이름을 달고 나온 많은 교육감들이 있었죠. 그분들이 지금의 잘못된 교육을 바꿀 수 있겠구나 하는 희망을 갖고 표를 준 것이죠.

안승문 그때 6·4 지방선거 결과를 보고 우리도 놀랐죠. 이전에 진보 교육감 여섯 명의 시대를 열면서 뭔가 새로운 게 가능하다는 생각을 했었는데 이렇게 많은 분들이 선택되리라고는 사실 생각을 못 한 거죠. 지금 우리 사회 저변에 흐르고 있는 어떤 기류 내지는 엄청난 소통이 있다고 보는데, '카톡'이랄지 'SNS' 그런 거라고 할 수 있죠. 기존에는 오로지 방송이나 정규 매체를 통해서 얻을 수밖에 없었던 정보나 지식 또는 대화와는 전혀 다른 소통의 시대가 이미 열렸다고 보는데요. 그런 흐름하고 세월호 참사로 일어났던 이른바 '앵그리맘'이라고 표현되는 젊은 엄마 아빠들의 각성이 바로 진보 교육감을 열세 분이나 탄생하게 하는 원동력 아니었나 싶습니다.

정성식 저도 안승문 선생님하고 비슷한 견해인데요. 학교 현장에서 민선 1기 교육감 시절을 겪으면서 그 이전 간선 교육감 때와 달리 상당히 변화하고 있다는 걸 몸으로 느끼고 있는 상황이었거든요. 더구나 시대 변화에 맞춰 SNS가 확산되면서 수동적인 존재였던 교사들이 교육 현장의 목소리를 직접 내기 시작했단 말이에요. 그러면서 교사들 사이에서도 혁신적인 마인드의 교육감을 당선시키면 현장에 직접적인 변화가 오겠구나 하는 기대들이 차츰차츰 퍼져 나가던 시점이었죠. 아마도 지난 6·4 지방선거를 앞두고 교육감은 도대체 누구를 뽑아야 되느냐고 주로 교육계에 있는 분들에게 많이 물어봤을 거예요. 그럴 때 현장에 있는 교사들이 의견을 많이 표출해 주지 않았나 생각을 해요.

최창의 김승환 교육감님은 어떠셨는지 모르겠어요. 지금 교육감 하는 건 할 만하시겠지만 사실 선거운동 과정은 너무 힘들잖아요. 그 당시 본인의 힘든 선거 과정에서 전국적인 선거 판도를 어떻게 보셨나요?

김승환   그 당시에 출마했던 교육감 후보자들에 대해서 과연 사람들이 얼마나 알고 있었겠습니까? 4월 16일 안산 단원고 아이들, 그 소중한 생명을 앗아 가면서 어떤 선택을 해야 내 자식, 우리 아이들의 생명을 지킬 수 있겠느냐는 그 모성애적인 마음이 발동한 결과라고 보고요. 또 하나는 만일에 교육감 선거에 정당 공천제를 했다면 이런 결과가 나왔을까요? 아니라고 봐요. 그 당시 교육감 선거는 우리 유권자들이 어떻게 보면 말 그대로 자유로운 선택을 할 수 있는 선거였단 말이죠. 연고에 묶이지 않고 자기 양심에 따라서 선택할 수 있는 대한민국의 유일한 선거예요. 여기에서 유권자가 할 일을 한 것이다 그렇게 보고요.

그다음에 아까 최은순 회장님께서 '진보를 달고 나온 후보' 이런 표현을 쓰셨잖아요. 저는 진보를 달지 않았어요. 제 이름 제 입으로 '나는 진보다, 또는 진보 교육감이다' 이렇게 말한 적이 없어요. 그리고 실제로 교육감을 해 보니까 그런 이데올로기는 최소한 우리 교육 영역에서는 사라지면 좋겠다고 생각해요. 그런 이데올로기 자리에 아이들이라는 가치를 갖다 놓자, 모든 표준을 그걸로 삼자는 거예요. 모든 정치 논리에 아이들에게 도움이 되느냐 안 되느냐, 유리한 거냐 해로운 거냐, 이렇게 해서 판단해야 되는 거지 이데올로기가 무슨 의미가 있겠느냐 그런 생각을 했지요.

최은순 조금 전 교육감님께서 진보라는 말을 표방하고 나오지 않았다고 하셨는데요. 그 당시 진보 교육감이라고 했을 때 사실은 이데올로기로 갈라진 것은 아니었다고 봐요. 2014년도 시점에서 봤을 때 당시와 같은 교육이 계속되어서는 안 되는 거였든요. 그래서 다른 방향의 교육을 찾다 보니까 그게 진보라는 이름으로 나온 것이지요. 가끔씩 몇몇 교육감님들이 진보 교육감이라는 얘기가 불편하다고 하는데 사실 진보라는 게 어떤 이데올로기로 편 가르자는 게 아니라 그 자체 의미는 굉장히 좋은 거잖아요. 교육감님들이 스스로 진보라는 것을 버리려고 하는 속에서 오히려 그러한 변화를 갈망하는 정책들을 하지 않으려고 대는 핑계는 아닌가 하는 생각도 들거든요.

최창의 언론에서 기존 교육의 흐름을 바꾸려는 사람들을 진보 후보라고 부르다 보니 우리가 진보, 보수로 가르고 있는 것이고요. 어쨌든 진보 교육감들이 세월호 아이들의 죽음과 아픔의 결과로 당선됐기 때문에 그에 대한 책임의식, 부채의식을 많이 갖고 있겠지요. 또 그만큼 교육 변화에 관심이 많은 유권자나 학부모들은 기대감도 컸지요. 정말 그때 교육감들이 바뀌면 교육이 크게 달라질 것이라는 기대도 있었을 테고, 아이들이 고통에서 헤어나 학교 안에서 자기 꿈을 활짝 펼치는 그런 세상을 원했을 거라고요. 2년 전에 교육감 선거를 치르고 결과를 보면서 어떤 기대들을 갖고 계셨나요?

최은순 진보 교육감들로 바뀌면 제가 할 일이 없어질 줄 알았어요. 제가 그동안 성명서 내고 기자회견 하고 면담을 통해 정책을 요구하고 그랬기 때문에 그런 일을 하지 않아도 될 줄 알았죠. 또 지역에서는 더 이상 싸우지 않아도 될 줄 알았어요. 왜냐하면 당선됐던 교육감님과 같이 교육청으로 들어간 분들이 수년 동안 교육 운동 활동가로서 일했던 사람들이거든요. 그런데 막상 그분들이 들어가고 나서 보니까 오히려 저희들은 이러지도 못하고 저러지도 못하고 그야말로 벙어리 냉가슴 앓는 상황들이 너무나 많아요. 우리가 어떤 걸 해 달라고 말하기 이전에 교육 운동을 같이 했던 동지였을 때 교육이 바뀌었으면 하는 내용들을 다 알고 계시잖아요. 그걸 실천해 주셨으면 좋겠어요.

정성식 현장 교사 입장에서 교육감이 바뀌면 뭐 천지가 개벽한다고 생각하지는 않아요. 우리 교육제도의 근본적인 모순 상황 속에서 현재 지방교육자치가 갖는 한계가 있거든요. 교육부가 시도 교육청을 컨트롤하고 있는 상황에서 현장 교사들이 원하는 건 최대한 방패막이가 되어 달라는 거예요. 셀 수 없이 많은 공문들이 사업화되어 가지고 학교로 내려오는데 이런 것들을 어느 정도 차단해 주었으면 해요. 교사의 본분이 아이들하고 눈 마주치며 사는 건데 갈수록 현장에서 느껴 왔던 게 뭐냐면 아이들보다 컴퓨터를 대하는 시간이 늘어 간다는 거예요. 이게 짜증도 나고 화도 나고 이러는 상황인데, 지난 민선 교육감 1기를 겪으면서 교육감들이 그래도 교사들이 아이들 옆으로 갈 수 있게 시도를 해 주는 구나 알게 되었지요.

최은순 지난 6·4 지방선거에서 당선된 많은 교육감들이 학생을 중심에 두고 입시 위주의 경쟁도 지양하고자 했던 사람들이잖아요. 그렇기 때문에 그런 부분에서 좀 더 자유로워질 줄 알았죠. 우리 아이들이 학교에 가면 학교폭력도 없어지고 학생 자치활동이나 동아리 활동들이 많이 지원되고 입시경쟁으로부터 조금은 자유로워지면서 사교육도 줄어들지 않을까 하는 기대를 했었던 게 사실이죠.

최창의 당선된 교육감들에게 '뭘 이렇게 해 주세요' 하는 구체적인 요구가 있어야 되지 않을까요. 그래야 무엇이 됐니 안 됐느니 그럴 텐데, 막연한 기대는 애매한 것 같아요.

안승문 13명의 혁신 교육감들을 뽑아 주었던 세월호 민심과 많은 기대 때문에 교육감들이 초반에는 굉장히 긴장하고 열심히 뭘 좀 해 보려고 노력을 하셨던 것 같은데요. 지금은 좀 느슨해지고 뭔가 아쉬움이 있어요. 교육감들이 인수위 시절부터 공약을 실행한다는 관점으로 접근하는 경우가 많은데 공약은 기본으로 가야 되는 것이고요. 당선되고 난 바로 다음부터 뭘 하면 좋을지에 대해서 선생님들, 학부모들, 또는 시민들, 아이들과 함께 논의해서 '우리가 꼭 함께 해야 할 과제를 한 다섯 가지를 뽑아 보자'는 식으로 실마리를 찾는 작업이 부족하지 않았는가 생각합니다.

학교 안에서도 교육 주체들이 함께 어떤 목표를 설정하고 그걸 풀어내기 위한 프로세스나 분위기들을 만들었으면 좋았겠다 싶어요. 예를 들어서 학생인권조례를 서울과 경기도에서 제정했지만 학교 안에서 학급회의나 학생 자치활동이 얼마나 활성화됐는가 따져 보면 사실 그다지 차이가 없거든요. 오히려 학교 자치 활성화를 위해서 뭘 해야 되는가를 학교 안에서 토론해서 실마리를 함께 찾는 프로세스가 필요하지 않았나 싶어요.

최창의 저도 주변 사람들에게 새로 뽑힌 교육감들에 대해 만족하냐고 물어볼 때가 있어요. 그러면 별로 만족스럽지 않다는 거예요. 오히려 비판적인 얘기가 많고…… 그러면 무엇을 기대했는데 불만스럽냐고 구체적으로 말해 보라 하지요. 입시경쟁 교육, 이런 문제를 거론하면 사실 해결이 안 됐죠. 그런 근본적인 교육 변화를 기대하는 것은 교육감의 권한으로는 분명한 한계가 있거든요. 지금까지 여러분이 지적한 것들에 대해서 왜 기대만큼 안 되는 건지 김승환 교육감님이 대표해서 말씀해 주시지요.

김승환 전북교육청은 올해부터 초등학교의 경우에는 일제평가식 중간시험, 기말시험 없앴잖아요. 이건 교육감이 할 수 있는 일이거든요. 벌써 한 3년 넘었는데 방학숙제도 없앴어요. 그것도 교육감이 할 수 있는 일이고요. 그런데 교육감이 할 수 없는 일이 있어요. 그것은 법률적으로 막혀 있는 경우가 있고, 시행령이나 시행규칙으로 또 정권의 강압적인 통치 방식으로 막혀 있는 게 있어요. 또 하나 놓쳐선 안 되는 게 교육감 개인의 사욕 때문에 막히는 경우가 있단 말이죠. 교육감 개인의 사욕은 뭐냐면 자리에 대한 집착이죠. 이 자리 그냥 놓아선 안 되겠네 하는, 그게 사실은 가장 무섭지요.

일단 이 부분은 그만두고 한 가지 예를 들죠. 제가 얼마 전에 전북교육감 6년을 하면서 가장 크게 자괴감을 느끼는 것이 하나 있다는 말을 확대간부회의 석상에서 했어요. '세상에 6년이 지나도록 내부형교장 공모제 한번을 해 보질 못했다'는 말이었어요. 법률상으로는 내부형교장 공모제를 시도 교육감이 자율적으로 판단해서 할 수 있도록 되어 있는데 시행령으로 막아 버리는 겁니다. 그런데 외부에서는 뭐라고 말하느냐면 '김승환 교육감 진보 좋아하고 계시네. 내부형 공모제 하나도 못 했으면서'라는 거예요. 결국 우리가 냉철하고 분석적인 사고가 부족하니 일단 자기 마음에 안 들면 문제가 있는 것으로 치부해 버리는 거예요.

그리고 방금 쭉 말씀 들어 보니까 안 된 것만 이야기하니까 어두워지는 거예요. 사실은 기대했는데 된 것이 있고, 기대하지도 않았는데 된 것도 있단 말이죠. 그래서 긍정적인 개별 사례들이 다른 데로 더 확산되도록 하는 노력도 필요하다는 것이죠.

❝ 사실상 가장 큰 성과는 혁신학교죠. 지역마다 여러 형태로 나오긴 하지만 혁신학교를 통해서 교육의 가치에 대한 근본적인 물음을 통해서 조금씩 의식을 바꿔 나가는 역할도 많이 하고 있는 것 같아요. 다만 이제 교육의 평등성에 입각해서 모든 학교가 다 그렇게 되어야 하겠지요. 또 학부모의 입장에서는 보편적인 교육복지가 의미 있지요. 2010년에 무상급식을 필두로 해서 교복, 수학여행비 그런 부분까지 교육복지가 확산되면서 교육감들에 대한 기본 신뢰가 생겨났고요. 앞으로 교육은 최종적으로 국가가 책임져야 한다는 방향으로 선도적인 역할을 하고 있는 거죠. ❞

정성식 그러니까 먼저 잘한 것을 칭찬부터 해 줬어야 돼요.

안승문 우리도 모르게 굉장히 많은 것이 달라
졌어요. 강원도 교육감님 같은 경우엔 처음 당
선될 때는 그 지지율이 아슬아슬했거든요. 그
런데 이번 6·4 선거 때 아주 여유 있게 재선
된 것은 분명히 예전과는 다른 분위기 같은 게
있어요. 사실 교육감님들의 협의체가 어떻게 보
면 국가적 교육정책 결정에 굉장히 중요한 역할을 할 수 있는 것
인데요. 열세 분에다 더해서 만약에 열일곱 분이 '정말 우리 이거
한번 해 보자'고 몇 가지 교육 문제에 대해서 논의하고 딱 결정하
면 교육부나 대통령이 그걸 막을 수 있겠어요. 그런 점에서 지금
까지 교육감님들이 각각은 열심히 노력하셨지만 뭔가 큰 흐름을
함께 만들기 위한 연대는 좀 아쉽지 않나 생각해요.

김승환 우리나라 교육학자들이 정책을 아직도 모르시는 것 같아요.
아니, 역사 교육을 국정화하는 데 교육감들이 얼마나 반대했습니
까? 그래도 자기 갈 길 가 버리잖아요.

안승문 예. 그러니까 교육감님들이 논의와 연대를 더 활발하게 해
야지요. 입시제도도 그렇죠. 입시제도도 대교협이나 교육부 사람
들만 주도하는 게 아니라 교육감님들이 오히려 우리가 앞으로 10

회 동안 뭘 하겠다 하면서 팔을 벌려야지요. 그래서 대교협을 부르고 전문가도 부르고 정부도 오게 해서 교육감님들의 모아진 힘으로 뭔가 쉽게 풀리지 않는 문제 몇 가지는 꼭 해결할 수 있으면 좋겠습니다.

청렴한 교육 풍토와 혁신학교

최창의 교육감들에게 걸었던 큰 기대를 개괄적으로 얘기했으니까요. 이제부터는 구체적인 얘기를 하려고요. 교육감 임기 2년이 흘렀으면 뭔가 혁신적인 변화가 있든지 아니면 교실에서 아이들 생활이 달라졌든지 해야 할 거 아닙니까? 정책이 됐든 또는 학교 현장이 달라졌든지, 학부모의 만족도가 높아졌든지 눈에 띄게 달라졌다고 생각하는 것들이 무엇인지 구체적으로 이야기를 해 보았으면 합니다.

최은순 교육의 가치를 중요하게 생각하시는 분들이 당선되고 나서 교육감들 대부분이 청렴 교육 실현하겠다고 하셨거든요. 그래서 달라진 것은 촌지가 없어진 거예요. 정말 그것에 대한 만족도는 높아요. 뭐 일부 고등학교에서는 여전히 음성적으로 촌지가 남아 있다고는 하지만 사실은 초등학교 학부모들이 가장 불안해하거든요. 이제 그런 부분에서 좀 안심해도 되지 않느냐, 촌지에 대한 압박감에서는 정말 많이 벗어났다는 얘기를 하죠. 그건 교육감님들 스스로 청렴 교육감이 되고자 했기 때문에 나온 결과가 아닌가 싶어요. 그거 하나는 큰 성과라고 말하고 싶습니다.

최창의 정성식 선생님은 지난 한 해 동안 전국을 많이 돌아다니셨잖아요. 여러 선생님들을 만나면서 교실 안의 얘기를 많이 나눴을 것 같은데요. 학교 현장이 뭔가 구체로 달라진 게 있다고 하던가요?

정성식 선생님들이 현장에서 가장 크게 느끼고 있는 게 뭐냐 하면 인사 시스템이 투명해지고 개선되고 있다는 거죠. 초중등교육법에 교육감의 임무를 보면 가장 핵심이 인사권, 재정운영권 이런 것인데요. 제가 전국을 돌아다녀 보면 인사의 투명성에 대한 만족도는 상당해요. 그러니까 적어도 교장 되려면 얼마, 장학사 되려면 얼마, 예전에는 이런 말이 나돌았는데 이제 그런 말들이 사라졌다는 거죠. 그거 하나만으로도 상당히 큰 변화를 일구었다고 높이 평가를 하고요.

그다음에 교육청이 예전에는 대부분 교육부 사업을 이첩하고 교육청 자체 사업도 상당히 많았거든요. 그로 인해서 단위 학교로는 공모 형태로 파생되는 사업이 많았는데 지난해, 올해 이렇게 돌아보면 전북은 많이 없었고요. 그런 교육청 자체 사업들, 관행적으로 해 왔던 사업들을 좀 덜어 내려고 하면서 학교의 자율권을 주려고 노력하는 부분은 많이 좋아지고 있다고 생각되지요.

안승문 기존에는 학생, 학부모, 선생님들 그것도 좀 약한 사람들, 저 구석에 있는 사람들이 뭐 이야기하면 거의 들으려고 하지 않았는데요. 이번 교육감님들의 가장 큰 특징은 뭔가 들어서 하려고 하는 경청 의지가 강하다고 봅니다. 서울시 조희연 교육감님 같은 경우도 자신을 '희연쌤'이라고 하면서 듣고 소통하려는 자세는 이른바 권위적인 과거의 교육감들이 할 수 없는 굉장한 변화라고 보고요. 다만 그렇게 듣고 실천으로 옮기는 과정에서 꽤 많은 장애물들이 있는데 그걸 풀어내기 위한 교육 주체들의 논의 구조가 뒤따라야겠지요. 우리나라 어떤 단체장이나 선출직보다도 교육감님들이 가진 장점이자 특기는 바로 경청, 소통하는 자세, 그것이 아닌가 싶어요.

최은순 사실상 가장 큰 성과는 혁신학교죠. 지역마다 여러 형태로 나오긴 하지만 혁신학교를 통해서 교육의 가치에 대한 근본적인 물음을 통해서 조금씩 의식을 바꿔 나가는 역할도 많이 하고 있는 것 같아요. 다만 이제 교육의 평등성에 입각해서 모든 학교가 다 그렇게 되어야 하겠지요. 또 학부모의 입장에서는 보편적인 교육복지가 의미 있지요. 2010년에 무상급식을 필두로 해서 교복, 수학여행비 그런 부분까지 교육복지가 확산되면서 교육감들에 대한 기본 신뢰가 생겨났고요. 앞으로 교육은 최종적으로 국가가 책임져야 한다는 방향으로 선도적인 역할을 하고 있는 거죠.

정성식 저도 그 무상급식 말씀드리려고 했어요. 학교에서 확연하게 달라진 부분, 아이들이 차별 없이 똑같이 다 밥 먹을 수 있게 한 건 정말 획기적인 변화예요.

김승환 2010년에 교육감이 돼서 그때 혁신학교 작업을 시작했거든요. 전라북도 혁신학교가 가고자 하는 지점은 모든 학교의 혁신입니다. 혁신학교 간판 걸어 놓은 학교만 혁신됐다면 무슨 의미가 있습니까? 그리고 시간이 가면 그거 소멸하게 돼 있습니다. 모든 학교를 혁신하는 건데 그러기 위해서 가장 중요한 게 교육감이 교사를 신뢰해 주는 겁니다. 교육감이 혁신학교를 이끌어야 한다는 건 천만의 말씀이고 학교 혁신의 열쇠는 교사의 손에 있는 겁니다.

성장은 아이들에게만 필요한 것이 아니라 교사에게도 필요한 것입니다. 지금 전라북도에는 교사 독서 동아리가 자연 발생적으로 우후죽순처럼 엄청나게 많이 생겨났습니다. 그리고 학부모 독서 동아리, 사제동행 독서 동아리 이런 식으로 수많은 유형의 독서 동아리들이 생겨나고 활동을 하고 있는 거예요. 어느 학교는 보니까 학년별 교사 독서 동아리가 있어요. 일주일에 한 번씩 계속 책을 읽으면서 토론하고 공유하는 거예요. 이렇게 움직이는구나 보면서 교육감으로서 굉장히 고맙지요. 가장 큰 변화라면 저는 그걸 꼽을 수가 있거든요.

최창의 김승환 교육감님은 지금 재선 교육감이지요. 그래서 다른 교육감들보다는 어깨가 더 무거우실 것 같은데, 재선으로서 초선 교육감들 많이 보시잖아요. 이분들이 본인께서 처음 할 때보다 뭔가 더 나아졌거나 또 이전 교육감들이 안 했던 일인데 새롭게 하고 있구나 하고 눈에 띄는 것들이 있는가요?

김승환 아, 굉장히 민감한 부분인데…… 알게 모르게 연대의 힘이 커졌어요. 그리고 1기 때보다 심리적인 안정감이 더 커졌고요. 그리고 한 번 더 했다는 그것 때문에 초선 교육감님들이 중간중간에 만나면 질문들을 하잖아요. 그러면 그때 정말 의미 있는 답변을 할 수 있어서 좋고, 또 굉장히 경청들 하세요. 그런 게 지난 시기와 견주어 굉장히 달라진 것이고요. 그러니까 어느 초선 교육감님이 확실하게 눈에 띄는 실적을 냈다는 것보다도 전혀 기대하지 못했던 큰 연대의 힘이 생겼다는 것이 교육감 일을 하는 데 상당히 강한 추진력을 주고 있어요.

최창의 경기도의 김상곤 교육감님이 초기에 무상급식이나 혁신학교, 또는 인권조례 이런 정책을 추진할 때 수도권이라는 장점도 있고, 전혀 안 했던 것을 처음 하니까 언론이 주목하면서 전국으로 의제화되었지요. 그런데 이번 교육감님들은 제도나 정책적인 변화가 사람들 눈에 확 안 띈다는 거죠. 어떤 의제화되어서 나오는 것들이 없으니까 변화가 없는 거 아닌가 이런 생각들을 하는 것 같습니다.

김승환 김상곤 교육감님의 탁월함이라면 그 의제 설정이 아주 뛰어나시다는 거예요. 그리고 정확하게 시대의 변화를 읽고 한발 앞서 가는 의제를 내놓는다는 거죠. 그 뒤로는 그런 의제를 내놓을 만한 상황 자체가 아니고요. 사실은 좋은 의미에서 김상곤 교육감님께서 의제 독식을 하신 거예요. 이제 우리는 그 뒤 후발주자로서 우리 지역에 맞게 그걸 만들어 나가는 것이죠. 또 하나는 교육 영역에서는 지나치게 의제 집착하는 것, 실적 집착하는 것, 이것 좀 위험할 수가 있거든요. '정말 좋은 교육은 뭐냐? 그냥 아이들이 그냥 날마다 저렇게 행복해하네, 그리고 선생님들 보람이 그렇게 큰 거야?' 이런 식으로 물 흐르듯이 가는 게 정상이라고 보거든요.

좀 사소한 것이라고 볼 수도 있겠지만 교육감으로서 교육 현장의 변화를 들여다보잖아요. 누가 '전북 교육이 달라진 게 뭐냐?' 이렇게 물어본다고 해서 '전북 교육에 달라진 것 중에 하나가 졸업식장에 눈물이 돌아왔습니다'라고 했어요. 언제부터인가 졸업식장에 가면 눈물이 없지 않습니까? 싹 사라져 버렸지 않습니까? 그런데 졸업식 할 때 몇몇 학교를 가 보니까 '아니, 이렇게 서러운 가? 헤어지는 것이' 할 정도로 눈물을 쏟아내는 학교들을 많이 봤다는 거죠. 그런데 아이들은 뭐 당연히 워낙 감성이 뛰어나니까 운다고 하지만 교사가 울고 학부모가 울고 하는 그런 졸업식 장, 그래서 우리 전북 졸업식장에는 눈물이 돌아왔구나, 이게 제가 스스로 하는 표현입니다.

최은순 교육감 직선제가 되면서 사실은 교육자치를 가장 잘 지키고 실현하려는 분이 저는 전북교육감이었다고 생각해요. 바로 엊그제만 해도 교육부가 사드 배치 관련해서 학교에 방학인데도 불구하고 '아이들 교육시켜라, 그래서 그걸 평가에 반영하겠다'고 했을 때 그거 잘못됐다고 치고 나온 분이 전북교육감님이시잖아요. 저희가 원하는 교육감을 뽑는 것은 저희를 지켜 달라는 것이지요. 우리 아이들을 지켜 주고 학부모를 지켜 주고 교사를 지켜 줘야 되거든요. 정말 교육의 가치를 중요하게 여기는 교육감님을 뽑아 놓고 보니까 현장 교사들이 '아, 그럼 이제는 우리가 애들한테 교육을 제대로 할 수 있겠구나' 해서 세월호 관련해 4·16 교육도 하고, 역사 계기 교육도 했던 것인데 정부는 계속 그 교사들을 징계했잖아요. 그 징계로부터 교사들을 보호해야 할 분이 교육감님이거든요. 그런 부분에서 나름 가장 책임감을 갖고 보호를 해 주신 분이 저는 전북교육감님이었다고 생각을 하고요. 그와 더

불어서 교육예산, 지방자치예산 지켜내려고 했던 부분에서도 교육감님이 정말 많이 노력을 했지요.

정성식 김승환 교육감님이 재선이 되면서 연대를 통한 심리적 안정감을 얻었다는 말씀을 하셨는데 그 연대가 조금 더 공고해지면 안 될까? 이런 아쉬움이 있어요. 늘 보면 다 같이 한 번 목소리를 내지만 중간에서 지역 상황, 여러 정치적인 상황을 고려해서 유야무야되고 힘이 빠지는 모습들을 지켜보면서 시도교육감협의회가 좀 더 강고하게 연대를 해 주면 좋지 않을까 하는 아쉬움은 갖고 있지요.

김승환 교육감들을 위한 변명을 좀 해야 되겠네요. 사안에 따라서 교육감들 사이 연대가 약해지는 경우가 있잖아요. 이 정도만 해 주면 좋겠는데 안 된단 말이죠. 그것은 권력이 헌법을 정점으로 하는 법질서의 틀 내에서 운용이 되면 괜찮아요. 그 틀을 넘어서면 그것은 이름은 권력이지만 실질은 폭력이거든요. 그런데 정부의 폭력적 권력 행사가 일상적으로 일어나는 거예요. 교육감들에게 거기에 철저하게 대응을 해 나가라 하는 것이 과연 가능하겠냐는 거예요. 그래서 누군가 또 앞으로 치고 나가는 사람이 필요한 것이고요. 그 부분도 시간이 흐를수록 좋아질 거예요.

" 성장은 아이들에게만 필요한 것이 아니라 교사에게도 필요한 것입니다. 지금 전라북도에는 교사 독서 동아리가 자연 발생적으로 우후죽순처럼 엄청나게 많이 생겨났습니다. 그리고 학부모 독서 동아리, 사제동행 독서 동아리 이런 식으로 수많은 유형의 독서 동아리들이 생겨나고 활동을 하고 있는 거예요. 이렇게 움직이는구나 보면서 교육감으로서 굉장히 고맙지요. 가장 큰 변화라면 저는 그걸 꼽을 수가 있거든요. "

함께 의논하고 결정하는 교육

최창의 교육 현장을 구체적으로 들여다보는 사람들일수록 미진함을 더 느끼고, 교육을 아는 사람은 정책의 진정성을 따집니다. 그런 진정성 면에서 교육을 진심으로 지키려는 김승환 교육감님을 높이 평가하는 것이지요. 그래도 전국을 바라보면서 교육감들의 행정에 대한 평가, 또 시민사회와 협력관계 그런 것들에 대해서 얘기를 해 주시면 좋겠어요.

안승문 제가 서울시에서 일하고 있습니다만 서울 시정의 핵심은 혁신과 협치, 거버넌스인데요. 저는 교육청 차원만이 아니라 학교에까지 함께 논의하고 함께 결정하고 함께 실행해 나가는 협치 문화의 전면화가 필요하다는 생각이 드는데요. 서울시 같은 경우는 이제 무르익어 가는 단계이긴 한데 부서별, 어젠다별로 협의체 이런 것들이 구성돼 있고, 다양한 관계자들이 모여 함께 논의하는 구조 속에 공무원도 들어 있죠. 서울 혁신교육지구 사업도 바로 그 거버넌스가 가장 핵심이에요. 제가 보기에는 전국적으로 교육을 중심으로 하는 협치를 지금부터 준비하고 강화시켜 가야 그게 결국 새로운 의미의 자치, 교육자치의 상이 될 것 같아요. 그것을 위한 중요한 어젠다를 서울에서는 마을교육공동체라고 표현하고 있는데, 학교가 학교 아닌 곳과 만나고 소통하고 사회와 함께 할 때 진정한 의미의 변화가 완성된다고 생각합니다.

최은순 저희가 원하는 교육감을 뽑아 놔서 그야말로 협치, 민관 거버넌스가 아주 잘될 줄 알았죠. 2년이 지난 지금 저희 학부모들이 모여서 이야기했는데 민관 거버넌스가 아니라 민관 거부넌스다 그런 우스갯소리를 했어요. 17개 시도 교육청에 학부모지원센터도 있고, 학부모 정책들도 다 있는데요. 어쨌거나 참교육학부모회가 27년 동안 학부모를 대표하는 조직으로서 성장해 왔는데 저희 단체와 학부모 정책과 관련해서 한 번이라도 간담회를 해 봤느냐고 물어봤을 때 단 한 군데도 없었어요. 물론 각 위원회에 형식적으로 학부모들은 다 있어요. 그런데 각 위원회에서는 '이 사업을 하려고 하는데 사업에 대한 의견을 주십시오' 하는 단계에서부터 시작하는 것이 저는 진정한 거버넌스라고 생각하거든요. 그런데 그런 단계는 전혀 없고 위원회를 통해서 협치를 하고 있다는 식이어서 아쉬운 부분이 많이 있어요.

정성식 저는 어떤 때가 제일 답답하냐면요, 학교에 있으면서 제가 어쩔 수 없는 세 가지 상황을 마주칠 때예요. 학교에 부적격 교원이 있고요. 그리고 정말 막 나가는 학부모가 있어요. 교사한테 욕하는 학생이 있어요. 이 세 상황에 처하면 제가 어떻게 해 볼 도리가 없는 거예요. 그런데 갈수록 이 세 가지 상황이 늘어 가는데 관련 법으로도 어떻게 할 수 있는 게 하나도 없어요. 현장 교사 입장에서 보면 협치는 결국 교실 보호 측면으로 가야 된다고 생각을 해요. 교육이 실행되게 하기 위해 이 세 가지 교실을 망치고 있는 것들로부터 격리가 필요하다 하면 격리할 수 있는 장치가 법적으로 마련되어야 한다는 겁니다. 조례든 뭐든 어떻게든 힘을 합쳐서요. 학부모인데 어떻게 학부모를, 교사인데 어떻게 같은 교사를, 우리가 어떻게 학생을 하는 식이 아니라 치료가 필요하면 치료를 받을 수 있는 시스템을 구축해 주어야만 교실이 더 이상 붕괴되는 것을 막을 수 있다고 생각하거든요.

안승문 저는 교실을 보호하는 게 아니라 어떻게 하면 교육을 살릴 수 있을지 함께 고민해야 된다는 거예요. 제가 거버넌스라고 할 때는 그건 선생님의 문제 또는 학부모의 문제가 아니라 우리 학교의 고민을 솔직히 털어놓고 '이거 어떻게 하면 좋죠?' 하며 질문을 던지고 문제를 토론하자는 거죠. 이런 프로세스를 통해 함께 참여해 논의하고 고민하면서 서로 치유가 되기도 하고 민주적 소통이 만들어진다는 건데요. 지금 서울지역도 사실 가장 잘 안 되는 게 그거예요. 어떻게 보면 쉬운 것 같은데 말이죠.

김승환 기존의 공조직이 가지고 있는 능력, 그걸 긍정하면서 거기에 더해서 또 다른 외부의 전문성을 결합시킨다는 거죠. 이제 부문별 협치가 굉장히 중요하고 지속적으로 있어야 되는 거고 큰 틀의 협치도 필요해요. 전라북도 교육청은 전체 방향을 훑어보는 데 필요한 협치가 있다고 생각해 최근에 그 조례를 만들었어요. 그런데 협치에서도 절대 놓쳐선 안 되는 게 자기의 경계, 경계는 놓쳐선 안 됩니다. 그러니까 내가 갈 수 있는 선이 어디까지 인지에 대해서 그 경계를 놓치면 도대체 이 사람이 누구인지 소속을 잃고 뭉뚱그려진단 말이에요. 교육감 하면서 보니까 야, 이거 대한민국 교육 홍수 지역이에요. 모두가 교육을 다 알아요. 그리고 다 자기가 전문가고 자기 의견 받아들여지면 굉장히 훌륭한 교육감이고 그것이 받아들여지지 않으면 문제가 많은 교육감이고요.

그리고 선거 때마다 그 후보의 지지 단체가 있잖아요. 지지 단체가 붙잡았으면 놓아주어야 되거든요. 그런데 끝까지 붙잡고 가려고 하는 거예요. 그러면서 모든 것을 자기 단체에 맞게 해 줘야 된단 말이에요. 그 경계 인식을 제대로 하면서 교육청은 교육청대로 외부의 지혜를 끌어당기는 노력을 해야 되고, 또 외부는 외부대로 할 수 있는 것과 없는 것을 정확히 가려 줘야 됩니다. 협치, 여기에서 결정하면 다 교육감들이 해야 될까요? 그건 협치가 아니라는 거죠. 그러면 교육감도 뭔 필요 있어요? 거기서 다 알아서 위원회식으로 해 버리면 되지요.

최창의 저희가 주로 기대감, 그리고 2년 동안에 해 왔던 일의 성과, 문제점 이런 얘기들을 쭉 했는데요. 이제 남은 2년도 있고 그 이후에 새로운 교육감들도 생길 텐데 앞으로 과제들을 얘기하려고 합니다. 앞으로 2년 동안 이런 걸 꼭 해 줬으면 좋겠다는 것은 무엇인가요?

최은순 저는 두 가지가 있는데요. 아까 교육감님께서 2014년 6·4 지방선거를 통해 당선된 교육감님들과 연대의 힘을 느꼈다고 하셨잖아요. 그런데 그 연대의 힘이 앞으로 더 드러나야 된다고 생각해요. 지난 2년 동안 교육정책 속에 역사 교과서 왜곡과 2015 교육과정 개정도 있었고, 가장 중요한 보육예산 문제가 있었잖아요. 그런 부분에 있어서 적어도 13곳 진보 교육감님들이 똘똘 뭉친 모습들을 보면 저희들이 좀 더 신뢰가 갈 수도 있겠고, 그 정책을 반대하는 정부에 긴장을 줄 수 있지 않을까 하는 생각이 들어요.

또 하나는 앞으로 남은 임기 2년은 새로운 교육정책을 생산할 때가 아니라고 생각해요. 지금까지 했던 것들, 예를 들면 학생인권조례를 통해서 학교 현장이 얼마만큼 인권 지수가 높아졌는지, 혁신학교를 통해서 교실의 수업 분위기는 정말 많이 달라졌는지, 학생자치 실현을 위해서 학생들한테 그 자치권이 얼마나 많이 주어졌는지, 그것들을 확인하고 미진하다면 더 보완해서 강력하게 제도로 자리 잡을 수 있도록 노력하는 것이 필요하지 않을까요. 그래야만 그것들이 차기 선거에 또 다른 힘으로 좀 나온다고 생각을 하거든요.

정성식 저도 이제 마무리 삼아 보수, 진보를 떠나서 전국의 교육감님들께 부탁드리는 말씀인데요. 우리 사회가 대통령 하나 바뀌었다고 퇴행하고 있는 이런 상황이 답답하거든요. 전국의 시도 교육감님들도 마찬가지라고 봐요. 교육청의 장학관이나 장학사님들처럼 정책을 입안하는 분들이 교육감 의존도가 아직도 너무 높다 생각하고 있거든요. 교육감 바라기 하지 말고 정말 학교를 바라보고, 학교에서도 선생님들 바라볼 필요 없고 아이들 바라보고 이 교육이 어디로 가야 되는지를 고민하는 시스템을 만드는 데 힘써 주셨으면 좋겠다는 말씀드리고요.

하나 더, 방과후학교, 이게 정말 큰 문제라고 보거든요. 학교가 지금 서로 폭탄 돌리기 하듯이 마지못해 떠안고 있는 상황이고요. 이러면서 학교 교육이 완전히 파행적으로 돌아가고 있고, 이제는 그 일을 하기 싫어서 힘든 차원을 떠났다고 봐요. 교육부가 지금 나서서 방과후학교에 관한 법제화를 하고 있다고 전해 들었는데 향후 우리 사회의 판도를 가늠하는 법이 되리라 봐요. 이 부분은 시도교육감협의회도 마찬가지고 학부모단체, 교원단체도 나서서 이 법안들을 어떻게 만들지 공동으로 한목소리를 내야 한다고 봅니다. 현재 방과후학교가 수소폭탄이었다면 앞으로 핵폭탄급이 날아올 거라는 그런 두려움에 떨고 있는 상황이거든요.

안승문 관련해서 지금 서울에서는 방과후학교를 구청장들이 시청과 지역사회가 맡아야 된다고 해서 일부 혁신교육지구에서는 동 주민센터가 방과후를 지원하는 센터가 되어야 된다는 식으로 시범 사업을 하고 있어요. 그리고 서울시교육청은 아무튼 학교에서 방과후학교는 꺼내야 된다, 학교는 자기 교육 과제와 원래 해야 하는 일에 충실하도록 하자는 쪽으로 방향을 잡고 있고요. 거기에 대해서 서울에서는 별 이견이 없습니다.

그다음에 가장 중요한 건 소통과 협력의 공동체를 회복하는 거라고 보는데요. 학교가 공동체로 회복되는 것은 학교만의 힘으로는 어렵겠지요. 그래서 저는 학교와 학교 밖이 함께 만나고, 특히 학부모와 교사가 함께 만나 가지고 학교를 제대로 세우는 게 가장 핵심적인 과제라고 생각합니다. 그다음에 중요한 건 교사들의 자율성을 보장하고 학교에 자율을 보장하는 건데요. 그러려면 교사들이 일정한 역량이 강화돼야 합니다. 교사들의 역량 강화를 위해서 필요하다면 정말 아낌없이 예산을 쏟아부을 수 있어야 된다고 생각하는데요. 교사들의 역량 강화를 전제로 한 학교의 자율성 보장은 본질적으로 아이들의 자치와 자유를 보장하는 거죠. 그런 것들을 보장하기 위해서 행정의 혁신을 확실하게 진행해야 된다고 봅니다.

최창의 지금까지 말씀해 주신 여러분의 기대감, 또 여기에 참석 안 했지만 또 다른 학부모나 선생님들의 기대감도 있을 텐데요. 이런 바람과 기대감을 교육감님들이 어떻게 최선을 다해 실현할 수 있을지 말씀해 주시죠.

김승환 미래에 대한 불신을 아까 말씀하셨는데 사실은 불안감이 큰 거죠. 교육감들이 바뀌었을 때 그다음 상황은 어떻게 되는 거야 그러는데 저는 이 생각을 해요. '교육감은 사라져도 교육의 방향성은 남는다'고요. 정성식 선생님이 폭탄 돌리기 이야기를 하셨는데 학교가 본질적으로 해야 하는 것만 요구를 해야죠. 국가도 그렇고 학부모도 그렇고 지역사회도 그렇고요. 그런데 우리는 그게 다 혼재돼 있어요. 교사가 알파와 오메가인 것처럼 아이와 관련된 모든 것을 교사가 해결해 줘야 하는 것처럼…… 대체 어느 나라에서 교사에게 이렇게 과도한 요구를 하는 걸까요? 처음에 교육감 되고 나서 교사들을 보니까 너무 안쓰러운 거예요. 상처는 상처대로 엄청 많이 안고 있고, 여기서 무슨 개혁을 말한다, 혁신을 말한다 이게 가능하겠냐는 거예요. 그리고 문제 교사가 분명히 있습니다. 그런데 교사에 대한 신뢰를 먼저 주고 문제 사례가 발견되면 거기에 맞게 또 처리를 하는 거예요.

지금 안승문 선생님이 말씀하신 거 어떻게 보면 앞으로 우리가 해결해야 될 일인데, 교육자치에 대해서는 2009년 프레시안에 나온 기사가 하나 있습니다. 그때 프레시안이 "내년 6월 지방선거에서 교육감 다섯 개 지역을 내주면 이명박정부는 교육정책을 마음대로 밀고 나가지 못한다." 이런 기사였어요. 그런데 아마 그 당시 정권은 그런 상황은 나타나지 않을 거라고 자신했던 것 같아요. 그래서 교육행정을 지방으로 대폭 이양하는 프레임을 갖고 있었어요. 그때 그 프레임은 지금도 그대로 있을 거라고요. 내년 12월에 대선 있잖아요. 그 대선 의제로 각 정당의 후보자들이 지방교

육자치를 확실하게 실현하겠다는 걸 내지 않을 수 없게 하는 것
도 우리의 중요한 과제라고 생각합니다.

최창의 마무리하면서 어떤 교육 의제도 중요한데 그 못지않게 구체
적으로 아이들을 어떻게 하면 행복하게 할 수 있겠는가 고민하게
됩니다. 최근에 서울시 인문계고에서 학업에 흥미를 잃어버린 아
이들을 3학년 때 모아 가르치는 아현산업정보고등학교 방승호 교
장 선생님을 만났어요. 학교 안에서 여러 실천하는 얘기들을 쭉
들으면서 '이분이야말로 길을 새로 내고 있구나, 희망을 만드는
길잡이구나' 하고 생각했어요. 우리 교육제도와 상황이 비록 어렵
더라도 이런 선생님들이 삶을 포기할 수도 있는 아이들을 살리
는 것이고, 무기력해서 잠만 자는 아이들에게 눈을 뜨게 하는 것
이 아니겠냐는 생각을 했어요. 교육감님들의 권한이 미치지 못해
서 뭘 못 하기도 하고, 법률적으로 또 가로막혀서 어려움도 있고,
선생님들이나 학부모들이 협력해 주지 않아서 안 되는 일도 있겠
지요. 하지만 이렇게 길을 새로 내는 마음으로 남은 2년을 나아
간다면 우리 교육과 아이들을 바로 세울 수 있지 않겠나 생각하
게 됩니다. 오늘 좋은 자리를 만들어 주셔서 격식 없이 서로 진솔
한 얘기를 나눌 수 있어 매우 뜻깊은 시간이었습니다. 정말 고맙
습니다.

혁신교육이 나아갈 길

이주영_어린이문화연대 대표

월간 어린이 잡지 〈개똥이네 놀이터〉 자매지인 학부모와 교사 대
상 월간 잡지 〈개똥이네 집〉 2015년 3월호부터 2016년 7월호까지에
「최창의가 만난 전국 교육감」 대담 꼭지를 실었습니다. 월간 〈개똥이
네 놀이터〉와 〈개똥이네 집〉은 보리출판사 윤구병 대표가 우리 교육
현장에서 참교육을 실천하고 이끌어 준 이오덕 교육 정신을 기리고,
그 뜻에 따라 이 땅에 사는 우리 겨레 아이들을 지키고 살려 내기

위해서 만드는 잡지로 1만여 부를 발행하고 있으며, '개똥이'라는 이름은 권정생 동화 《강아지 똥》을 생각하면서 우리 겨레 조상들이 아이들이 목숨 줄을 놓지 않고 튼튼하고 건강하게 자라라고 아명으로 가장 많이 불러 준 '개똥이'를 따서 지은 것입니다.

이런 뜻으로 펴내는 〈개똥이네 집〉에서 2014년 주민직선제로 선출한 전국 교육감들이 어떤 생각으로 교육 혁신을 꿈꾸며 실천하고 있는지 궁금해하는 학부모와 교사들을 대신해서 만나 보면 좋겠다는 의견이 나왔고, 최창의 선생이 기꺼이 맡아 주었습니다. 최창의 선생은 1980년대 교사 초임 시절부터 한국글쓰기교육연구회와 전교조 활동을 꾸준히 하면서 참교육을 실천해 왔고, 누구보다 교육 혁신에 대한 해박한 지식과 확고한 의지를 갖고 있고, 경기도 교육의원을 세 번이나 역임했기 때문에 전국 교육감을 만나서 이야기를 이끌어 가기에 가장 알맞은 인물이라고 생각했습니다. 또 〈개똥이네 집〉은 '어린이를 살리자'는 이오덕·윤구병 선생님 뜻을 바탕으로 만든 시민단체인 어린이문화연대 준기관지 성격을 갖고 있기 때문에 대표인 저도 함께하기로 하였습니다. 그러나 일정이 맞지 않을 때가 많아서 다 동참하지 못해 아쉬웠습니다. 장휘국 광주교육감, 조희연 서울교육감, 민병희 강원교육감, 김지철 충남교육감, 박종훈 경남교육감, 김승환 전북교육감, 김병우 충북교육감, 이석문 제주교육감, 최교진 세종교육감, 김석준 부산교육감 면담자리였습니다. 그래도 17곳 가운데 10곳이니 반을 조금 넘게 함께 다닌 셈입니다.

각 교육청 교육감실에서 면담을 했는데, 우선 비서실과 교육감실 배치도가 아주 딱딱하고 권위적이었던 과거 모습에서 조금이나마 더 따뜻하고 민주적인 모습으로 바뀐 곳이 많아서 반가웠습니다. 또 교육감마다 창의적인 구성도 많았습니다. 서울시교육감실에는 둥근 탁자, 자전거, 나침반으로 구성해 놓았습니다. 함께 의견을 모으면서 방향을 잃지 않고 꾸준히 나가겠다는 마음을 항상 되새기기 위해서라고 했습니다. 강원도교육감실에는 교육청 전 직원 사진과 이름이 붙어 있었습니다. 교직에 있을 때 아이들 사진을 붙여 놓고 이름과 얼굴을 외우듯이 교육청 직원 얼굴과 이름을 모두 알기 위한 방법이라고 했습니다. 참교육을 실천했던 전교조 지부장 출신다웠습니다.

무엇보다 교육감들이 교육 혁신을 해야 한다는 의지가 뚜렷해서 대담하는 내내 즐거웠습니다. 이 책에 실린 좌담 내용을 읽어 보면 그동안 사회에서 보수니 진보니 구분했던 것이 무색할 정도로 현재 교육을 새롭게 바꾸어야 한다는 의지들이 모두 높습니다. '교육을 새롭게 한다, 교육 본질에 맞게 바꾸어야 한다, 더 이상 이대로는 안 된다'는 의지들이 강했습니다. 장휘국 교육감은 '무엇이 될 거냐?'보다는 '어떻게 살 것이냐?'를 훨씬 중요하게 가르치는 교육을 하고 싶다고 했고, 김지철 교육감은 그동안 교육 비리로 얼룩진 충남교육청 전문직 승진구조와 역할을 민주적으로 바꾸고 있다고 했습니다. 이석문 교육감은 제주도 어린이 30%가 아침을 못 먹고 온다면서 점심 의무급식을 넘어서 '아침밥'도 먹을 수 있게 하겠다고 했습니다. 김석준 교육감은 토의·토론 수업 활성화를 위한 준비를 하고 있다고 했습니다. 부산 교원 3만 명에서 360명이 토론 수업에 참여하면서 역량을 키우고 있으니 그 방향을 잃지 않고 나간다면 좋은 결과를 맺을 것 같습니다. 박종훈 교육감은 홍준표 경남지사가 의무급식에 딴지를 걸면서 그 다툼 때문에 지장을 많이 받지만 새로운 독서 교육을 비롯해 다양한 시도를 하고 있었습니다. 김승환 교육감은 2010년에 이어 2014년에도 재선이 될 정도로 안정감 있게 전북 교육을 새롭게 바꾸고 있는데, 그만큼 정부와 보수 진영 협공을 받고 있었습니다. 열댓 가지가 넘는 고소를 당할 정도로 가시밭길을 걷고 있는데, 지방이라서 그런지 잘 알려지지 않아서 외롭게 맞서 싸우는 형국이어서 안타까웠고, 그 소송 하나하나에 맞서 법정 투쟁을 하면서 교육을 바로잡기 위해 노력하는 모습이 눈물겨웠습니다. 김병우 교육감은 경북 상주군 이안서부초등학교에서 이오덕 선생님한테 직접 배웠다고 해서 깜짝 놀랐습니다.

그동안 직접 만나 본 교육감들 모두 '아이들에 대한 사랑과 이를 위한 교육 혁신을 위해 온 힘을 다하고 있구나'라는 느낌을 강하게 받았습니다. 그러나 교육청 전체 직원들이 이러한 의지에 적극 참여하고 있는지를 짚어 볼 때 각 교육청마다 그 온도 편차가 심하다는 느낌을 받았습니다. 또 각 지역 교육청 연수, 전교조 조합원 연수, 학교 현장 연수에 강의하러 가거나 현직 교사들 모임에 가서 보고 듣고 느끼는 온도 역시 편차가 큽니다. 그런 편차를 보면서 '정말 교육 혁신이 제대로 자리 잡으려면 최소 10년은 더 걸리겠구나'라는 생각이 들었습니다. 그렇지 않으면 도로아미타불이 되기 십상이겠다 싶었습니다.

　교육을 혁신하려는 교육감 의지와 교육청 직원들 사이에 편차가 큰 까닭은 현재 교육청 구조에 문제가 있기 때문입니다. 교육청에서 일할 전문직을 현직 교원 가운데서 선발하는데, 그 선발 방법이나 자격 기준을 새롭게 바꾸기가 어렵기 때문입니다. 새롭게 바꾸려는 시도에 대한 보이지 않는 내부 반발과 태업이 큰 걸림돌이라고 할 수 있습니다. 교육청 일반행정직 공무원에 대한 교육감의 인사권 역시 한계가 있기 때문에 그 변화가 더 느립니다. 그나마 제주도는 제주도 특별자치법이 있어서 좀 나은 편이었습니다. 한편 경남처럼 지방자치단체장이 앞장서서 의무급식을 중단하거나 교육감을 부당하게 압박하는 사례도 있고, 지방의회에서 발목을 잡기도 합니다. 무엇보다 정부와 교육부가 교육 개혁을 심각하게 방해하고 있습니다. 심지어 보수 정치세력들은 교육감 주민직선제를 다시 예전처럼 대통령이나 교육부 임명제 또는 간선제로 바꾸거나 심지어 지방자치단체장한테 예속시키려 합니다. 교육 혁신을 위한 기본 토대인 교육 민주화를 막고, 교육의 본질인 정치 중립과 독립성을 훼손하려는 작태지요. 이러한 문제를 극복하고 교육 혁신을 더 확실하고 빠르게 뿌리내리기 위해서는 관련 법이나 조례를 헌법정신에 맞게 대폭 손질을 해야 합니다. 또 지방자치단체장, 지방의회 의원, 국회의원, 대통령까지도 교육 혁신을 이해하고 공감하는 사람으로 선출할 수 있도록 학부모를 비롯한 국민들이 적극 나서야 합니다. 무엇보다도 당장은 교육감 주민직선제를 잘 지켜야 하고, 교육감 선거 연령을 더 낮추어야 합니다.

교육 혁신을 지지하는 학부모와 교사들에게 가장 쉽게 다가서는 게 혁신학교라는 건 어디를 가나 체감할 수 있습니다. 각 교육청마다 '행복학교' '무지개학교'처럼 혁신학교 이름을 다르게 부릅니다. 그러나 이름은 달라도 지향하는 길은 혁신학교라는 걸 의심하지 않을 정도로 혁신학교에 대한 기대가 큽니다. 각 지역으로 학부모와 교사 대상 강의를 다니면서 여론을 들어 보면 학부모들이 혁신학교와 교육감에게 거는 기대가 상당히 높습니다. 그런데 혁신학교에서 직접 근무하는 교사들 여론을 보면 혁신학교라는 이름에 걸맞게 잘 운영되는 학교도 있지만 혁신학교 흉내만 내는 깡통 혁신학교도 많다고 합니다. 겉으로 보이는 행사와 소리는 요란하지만 그 속을 보면 결코 민주적으로 교육의 본질을 잘 되살려 낸다고 보기 어려운 무늬만 혁신인 학교들이 많다는 것이지요. 그 까닭은 성과를 보이기 위한 과욕과 학부모들 기대에 맞추기 위해서 급하게 너무 많이 지정하기 때문이라고 합니다. 곧 교육을 바꾸기 위해서는 교육 3주체인 교사와 학부모와 학생이 동참해야 하는데, 이 3주체가 민주적으로 동참할 수 있는 준비가 되지 않은 상태에서 혁신학교로 지정받는 경우가 있기 때문입니다.

교육감들과 만나면서 한 가지 아쉬웠던 점은 교육 혁신을 위한 역사성을 제대로 이어 가지 못하고 있다는 점입니다. 교육은 그 민족과 국가의 사회 문화를 이어 가는 역사와 긴밀하게 연결되어 있습니다. 곧 혁신학교 운동을 성공시켜서 참된 교육 혁신을 이루기 위해서는 우리 근현대 교육이 걸어온 역사를 짚어 보고, 그 역사를 뿌리로 해서 혁신학교라는 나무를 키워야 하고, 교육 혁신이라는 숲을 가꿔야 합니다. 그렇게 하지 않으면 혁신학교는 뿌리 없는 나무가 되어 바람에 쓰러지고, 교육 혁신은 샘이 얕은 물이 되어 가뭄에 마르기 쉽습니다. 1945년 이후 미군정에서 미국으로 보낸 피바디 대학 연수 단을 중심을 시작한 '새교육'이 지향하던 민주교육이 끝내 반민주교 육으로 변질하고, 그 이후 2010년대까지 거의 10년 주기로 서구에서 수입한 새 교육 이론들이 교육 현장을 태풍처럼 휩쓸고 지나갔습니 다. 그때마다 마치 금방 교육이 새롭게 바뀔 것처럼 요란을 떨었지만 그 바람이 지나고 나면 어느새 물거품처럼 사라지고 또 다른 이론이 해일처럼 닥쳤습니다. 그런 태풍이나 해일이 덮쳤다가 사라질 때마다 우리 교육 현장은 더 황폐해지고, 아이들 삶은 더 참혹해지고, 교사 들은 지쳐서 무기력과 무관심에 젖어들었습니다. 아이들 삶이 얼마 나 참혹하게 파괴되고 있는지는 지금도 해마다 18세 미만 아이들이 500여 명이나 자살을 하는 현실이 증명합니다. 세월호로 빼앗긴 아 이들 두세 배 되는 또 다른 아이들이 해마다 어른들 잘못에 죽음으 로 항거하는 것입니다.

우리 아이들을 살리고, 나라를 살리고, 겨레를 살리기 위해서는 지금 이 시기에 교육 혁신을 꼭 이루어 내야만 합니다. 저는 그 길 을 바르게 잡아 줄 나침반이 1978년 6월 27일 발표한 〈우리의 교육 지표〉라고 생각합니다. 우리 교육이 나갈 길을 근현대 교육 역사에 서 찾으려면 그 출발점을 19세기 말 애국계몽교육 운동과 대한독립을 위한 투쟁의 역사부터 짚어야 하지만 현재 혁신 교육이 일어나게 한 직접적인 뿌리를 찾는다면 성래운 교수가 쓰고 전남대 교수 11명이 서명해서 발표했던 〈우리의 교육지표〉입니다. 이 지표는 반민주·반민족·반인간 교육에 대한 정면 도전이고, 민주·민족·인간 교육을 선언한 출발점이 됩니다. 1980년대 이오덕을 중심으로 일어난 '아이들과 교사들 삶을 가꾸기 위한 참교육' 운동이 학급 단위 교육 혁신을 위한 물꼬를 텄다면, 1989년 전국교직원노동조합을 결성하면서 채택한 '민주·민족·인간화 교육을 위한 참교육' 선언은 사회 전체에 충격을 주면서 그 도도한 교육 혁신의 물결을 이루면서 전진해 왔습니다. 이렇듯 참교육을 향한 전교조 교사들의 열망과 참교육에 대한 국민들의 믿음과 기대가 2009년 4월 8일 경기도에서 김상곤 주민직선 교육감이 당선할 수 있는 힘이 되었습니다. 당시 경기도 200여 시민사회단체로 구성된 경기희망교육연대 단일후보로 추대된 김상곤 교육감 후보는 참교육을 열망하는 전국 교사와 학부모들 지지를 받아서 당선되었기 때문입니다. 그 물결이 지금에 이르고 있는 것입니다. 그런데 지금 각 교육청에서 진행하는 교육 혁신, 혁신학교의 바탕에 이러한 교육 민주화 역사성을 적극 담아내고 있지 못하다는 느낌을 받았습니다.

현재 길게는 7년, 짧게는 2년을 넘어서고 있는 교육 혁신, 이를 담아내는 혁신학교 운동이 바르게 성장하고 확산되기 위해서는 〈우리의 교육지표〉가 지향하는 가치, 이오덕, 성래운 선생님이 주장한 '참교육'과 전국 각지에서 이를 실천했던 전교조 교사들이 일궈 놓은

'참교육' 성과를 잘 짚으면서 이어 나가야 합니다. 그 바탕 위에 새로운 교육을 창조해야 합니다. 그렇게 해야만 참된 교육 혁신이 뿌리 내릴 수 있기 때문입니다. 나아가 이제는 교육감뿐 아니라 각 지방자치단체장과 지방의회 의원과 국회의원, 대통령까지 교육 혁신을 이해하고 공감하고 적극 앞장설 수 있는 사람으로 바꿔야만 우리 아이들을 살리고 나라를 살리고 겨레를 살릴 수 있는 길이 겨우 열리겠다 싶습니다. 2년 동안 전국 교육감들과 교사와 학부모들을 만나면서 그런 소망이 이뤄질 수 있겠다는 희망을 갖게 되었습니다.

대한민국 98년. 2016. 8. 1.

• 이주영_문학박사. 1977년부터 2011년까지 교사로 살면서 참교육 운동을 했고, 퇴직한 뒤로는 어린이문화연대를 만들어 활동하면서 저술 활동을 하고 있음. 현재 서울시교육청 교육인생이모작지원센터 부센터장과 우리헌법읽기국민운동 공동대표로도 활동하고 있음.

삶의 행복을 꿈꾸는 교육은 어디에서 오는가?

미래 100년을 향한 새로운 교육

▶ **교육혁명을 앞당기는 배움책 이야기**
혁신교육의 철학과 잉걸진 미래를 만나다!

핀란드 교육혁명
한국교육연구네트워크 총서 01 | 320쪽 | 값 15,000원

일제고사를 넘어서
한국교육연구네트워크 총서 02 | 284쪽 | 값 13,000원

새로운 사회를 여는 교육혁명
한국교육연구네트워크 총서 03 | 380쪽 | 값 17,000원

교장제도 혁명
한국교육연구네트워크 총서 04 | 268쪽 | 값 14,000원

새로운 사회를 여는 교육자치 혁명
한국교육연구네트워크 총서 05 | 312쪽 | 값 15,000원

혁신학교에 대한 교육학적 성찰
한국교육연구네트워크 총서 06 | 308쪽 | 값 15,000원

혁신학교
성열관·이순철 지음 | 224쪽 | 값 12,000원

행복한 혁신학교 만들기
초등교육과정연구모임 지음 | 264쪽 | 값 13,000원

서울형 혁신학교 이야기
이부영 지음 | 320쪽 | 값 15,000원

혁신교육, 철학을 만나다
브렌트 데이비스·데니스 수마라 지음
현인철·서용선 옮김 | 304쪽 | 값 15,000원

혁신교육 존 듀이에게 묻다
서용선 지음 | 292쪽 | 값 14,000원

다시 읽는 조선 교육사
이만규 지음 | 750쪽 | 값 33,000원

프레이리와 교육
한국교육연구네트워크 번역 총서 01
존 엘리아스 지음 | 한국교육연구네트워크 옮김
276쪽 | 값 14,000원

교육은 사회를 바꿀 수 있을까?
한국교육연구네트워크 번역 총서 02
마이클 애플 지음 | 강희룡·김선우·박원순·이형빈 옮김
352쪽 | 값 16,000원

**비판적 페다고지는
세상을 변화시킬 수 있는가?**
한국교육연구네트워크 번역 총서 03
Seewha Cho 지음 | 심성보·조시화 옮김 | 280쪽 | 값 14,000원

마이클 애플의 민주학교
한국교육연구네트워크 번역 총서 04
마이클 애플·제임스 빈 엮음 | 강희룡 옮김 | 276쪽 | 값 14,000원

미래교육의 열쇠, 창의적 문화교육
심광현·노영우·강정석 지음 | 368쪽 | 값 16,000원

대한민국 교사, 어떻게 가르칠 것인가?
윤성관 지음 | 320쪽 | 값 15,000원

아이들을 어떻게 가르칠 것인가
사토 마나부 지음 | 박찬영 옮김 | 232쪽 | 값 13,000원

아이들의 배움은 어떻게 깊어지는가
이시이 준지 지음 | 방지현·이창희 옮김 | 200쪽 | 값 11,000원

모두를 위한 국제이해교육
한국국제이해교육학회 지음 | 364쪽 | 값 16,000원
2015 세종도서 학술부문

경쟁을 넘어 발달 교육으로
현광일 지음 | 288쪽 | 값 14,000원

독일 교육, 왜 강한가?
박성희 지음 | 324쪽 | 값 15,000원

대한민국 교육혁명
교육혁명공동행동 연구위원회 지음 | 224쪽 | 값 12,000원

▶ 비고츠키 선집 시리즈
발달과 협력의 교육학 어떻게 읽을 것인가?

 생각과 말
레프 세묘노비치 비고츠키 지음
배희철·김용호·D. 켈로그 옮김 | 690쪽 | 값 33,000원

 성장과 분화
L.S. 비고츠키 지음 | 비고츠키 연구회 옮김
308쪽 | 값 15,000원

 도구와 기호
비고츠키·루리야 지음 | 비고츠키 연구회 옮김
336쪽 | 값 16,000원

 관계의 교육학, 비고츠키
진보교육연구소 비고츠키교육학실천연구모임 지음
300쪽 | 값 15,000원

 어린이 자기행동숙달의 역사와 발달 I
L.S. 비고츠키 지음 | 비고츠키 연구회 옮김
564쪽 | 값 28,000원

 비고츠키 생각과 말 쉽게 읽기
진보교육연구소 비고츠키교육학실천연구모임 지음
316쪽 | 값 15,000원

 어린이 자기행동숙달의 역사와 발달 II
L.S. 비고츠키 지음 | 비고츠키 연구회 옮김
552쪽 | 값 28,000원

 비고츠키와 인지 발달의 비밀
A.R. 루리야 지음 | 배희철 옮김 | 280쪽 | 값 15,000원

 어린이의 상상과 창조
L.S. 비고츠키 지음 | 비고츠키 연구회 옮김
280쪽 | 값 15,000원

 수업과·수업 사이
비고츠키 연구회 지음 | 196쪽 | 값 12,000원

 연령과 위기
L.S. 비고츠키 지음 | 비고츠키연구회 옮김
336쪽 | 값 17,000원

▶ 평화샘 프로젝트 매뉴얼 시리즈
학교 폭력에 대한 근본적인 예방과 대책을 찾는다

 학교 폭력 어떻게 만들어지는가
문재현 외 지음 | 300쪽 | 값 14,000원

 아이들을 살리는 동네
문재현·신동명·김수동 지음 | 204쪽 | 값 10,000원

 학교 폭력, 멈춰!
문재현 외 지음 | 348쪽 | 값 15,000원

 평화! 행복한 학교의 시작
문재현 외 지음 | 252쪽 | 값 12,000원

 왕따, 이렇게 해결할 수 있다
문재현 외 지음 | 236쪽 | 값 12,000원

 마을에 배움의 길이 있다
문재현 지음 | 208쪽 | 값 10,000원

 젊은 부모를 위한 백만 년의 육아 슬기
문재현 지음 | 248쪽 | 값 13,000원

▶ 교과서 밖에서 만나는 역사 교실
상식이 통하는 살아 있는 역사를 만나다

 전봉준과 동학농민혁명
조광환 지음 | 336쪽 | 값 15,000원

 남도의 기억을 걷다
노성태 지음 | 344쪽 | 값 14,000원

 응답하라 한국사 1·2
김은석 지음 | 356쪽·368쪽 | 각권 값 15,000원

 즐거운 국사수업 32강
김남선 지음 | 280쪽 | 값 11,000원

 즐거운 세계사 수업
김은석 지음 | 328쪽 | 값 13,000원

 강화도의 기억을 걷다
최보길 지음 | 276쪽 | 값 14,000원

 광주의 기억을 걷다
노성태 지음 | 348쪽 | 값 15,000원

 선생님도 궁금해하는 한국사의 비밀 20가지
김은석 지음 | 312쪽 | 값 15,000원

 걸림돌
키르스텐 세롭-빌펠트 지음 | 문봉애 옮김
248쪽 | 값 13,000원

 교과서 밖에서 배우는 역사 공부
정은교 지음 | 292쪽 | 값 14,000원

 팔만대장경도 모르면 빨래판이다
전병철 지음 | 360쪽 | 값 16,000원

 빨래판도 잘 보면 팔만대장경이다
전병철 지음 | 360쪽 | 값 16,000원

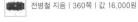

 영화는 역사다
강성률 지음 | 288쪽 | 값 13,000원

 친일 영화의 해부학
강성률 지음 | 264쪽 | 값 15,000원

 한국 고대사의 비밀
김은석 지음 | 304쪽 | 값 13,000원

 조선족 근현대 교육사
정미량 지음 | 320쪽 | 값 15,000원

다시 읽는 조선근대교육의 사상과 운동
윤건차 지음 | 이명실·심성보 옮김 | 516쪽 | 값 25,000원

▶ 창의적인 협력수업을 지향하는 삶이 있는 국어 교실
우리말 글을 배우며 세상을 배운다

 중학교 국어 수업 어떻게 할 것인가?
김미경 지음 | 340쪽 | 값 15,000원

 토론의 숲에서 나를 만나다
명혜정 엮음 | 312쪽 | 값 15,000원

 토닥토닥 토론해요
명혜정·이명선·조선미 엮음 | 288쪽 | 값 15,000원

 이야기 꽃 1
박용성 엮어 지음 | 276쪽 | 값 9,800원

이야기 꽃 2
박용성 엮어 지음 | 294쪽 | 값 13,000원

 인문학의 숲을 거니는 토론 수업
순천국어교사모임 엮음 | 308쪽 | 값 15,000원

▶ **4·16, 질문이 있는 교실 마주이야기**
통합수업으로 혁신교육과정을 재구성하다!

 통하는 공부
김태호·김형우·이경석·심우근·허진만 지음
324쪽 | 값 15,000원

 내일 수업 어떻게 하지?
아이함께 지음 | 300쪽 | 값 15,000원
2015 세종도서 교양부문

 인간 회복의 교육
성래운 지음 | 260쪽 | 값 13,000원

 교과서 너머 교육과정 마주하기
이윤미 외 지음 | 368쪽 | 값 17,000원

 수업 고수들 수업·교육과정·평가를 말하다
박현숙 외 지음 | 368쪽 | 값 17,000원

 도덕 수업, 책으로 묻고 윤리로 답하다
울산도덕교사모임 지음 | 320쪽 | 값 15,000원

 체육 교사, 수업을 말하다
전용진 지음 | 304쪽 | 값 15,000원

 교실을 위한 프레이리
아이러 쇼어 엮음 | 사람대사람 옮김 | 412쪽 | 값 18,000원

 마을교육공동체란 무엇인가?
서용선 외 지음 | 360쪽 | 값 17,000원

 21세기 교육과 민주주의
한국교육연구네트워크 번역 총서 05
넬 나딩스 지음 | 심성보 옮김 | 392쪽 | 값 18,000원
2016 세종도서 학술부문

 교사, 학교를 바꾸다
정진화 지음 | 372쪽 | 값 17,000원

 함께 배움
학생 주도 배움 중심 수업 이렇게 한다
니시카와 준 지음 | 백경석 옮김 | 280쪽 | 값 15,000원

 공교육은 왜?
홍섭근 지음 | 352쪽 | 값 16,000원

 자기혁신과 공동의 성장을 위한
교사들의 필리버스터
윤양수·원종희·장군·조경삼 지음 | 280쪽 | 값 14,000원

 주제통합수업, 아이들을 수업의 주인공으로!
이윤미 외 지음 | 392쪽 | 값 17,000원

 수업과 교육의 지평을 확장하는 수업 비평
윤양수 지음 | 316쪽 | 값 15,000원
2014 문화체육관광부 우수교양도서

 교사, 선생이 되다
김태은 외 지음 | 260쪽 | 값 13,000원

 교사의 전문성, 어떻게 만들어지나
국제교원노조연맹 보고서 | 김석규 옮김 392쪽 | 값 17,000원

 수업의 정치
윤양수·원종희·장군 지음 | 280쪽 | 값 14,000원

 학교협동조합,
현장체험학습과 마을교육공동체를 잇다
주수원 외 지음 | 296쪽 | 값 15,000원

 거꾸로교실,
잠자는 아이들을 깨우는 수업의 비밀
이민경 지음 | 280쪽 | 값 14,000원

 교사는 무엇으로 사는가
정은균 지음 | 292쪽 | 값 15,000원

 마음의 힘을 기르는 감성수업
조선미 외 지음 | 300쪽 | 값 15,000원

 작은 학교 아이들
지경준 엮음 | 376쪽 | 값 17,000원

 감성 지휘자, 우리 선생님
박종국 지음 | 308쪽 | 값 15,000원

 대한민국 입시혁명
참교육연구소 입시연구팀 지음 | 220쪽 | 값 12,000원

 교사를 세우는 교육과정
박승열 지음 | 312쪽 | 값 15,000원

 전국 17명 교육감들과 나눈
교육 대담
최창의 대담·기록 | 272쪽 | 값 15,000원

▶ 더불어 사는 정의로운 세상을 여는 인문사회과학
사람의 존엄과 평등의 가치를 배운다

밥상혁명
강양구·강이현 지음 | 298쪽 | 값 13,800원

좌우지간 인권이다
안경환 지음 | 288쪽 | 값 13,000원

도덕 교과서 무엇이 문제인가?
김대용 지음 | 272쪽 | 값 14,000원

민주 시민교육
심성보 지음 | 544쪽 | 값 25,000원

자율주의와 진보교육
조엘 스프링 지음 | 심성보 옮김 | 320쪽 | 값 15,000원

민주 시민을 위한 도덕교육
심성보 지음 | 500쪽 | 값 25,000원
2015 세종도서 학술부문

민주화 이후의 공동체 교육
심성보 지음 | 392쪽 | 값 15,000원
2009 문화체육관광부 우수학술도서

교과서 밖에서 배우는 인문학 공부
정은교 지음 | 280쪽 | 값 13,000원

갈등을 넘어 협력 사회로
이창언·오수길·유문종·신윤관 지음 | 280쪽 | 값 15,000원

오래된 미래교육
정재걸 지음 | 392쪽 | 값 18,000원

동양사상과 마음교육
정재걸 외 지음 | 356쪽 | 값 16,000원
2015 세종도서 학술부문

대한민국 의료혁명
전국보건의료산업노동조합 엮음 | 548쪽 | 값 25,000원

교과서 밖에서 배우는 철학 공부
정은교 지음 | 280쪽 | 값 14,000원

교과서 밖에서 배우는 고전 공부
정은교 지음 | 288쪽 | 값 14,000원

교과서 밖에서 배우는 사회 공부
정은교 지음 | 304쪽 | 값 15,000원

전체 안의 전체 사고 속의 사고
김우창의 인문학을 읽다
현광일 지음 | 320쪽 | 값 15,000원

교과서 밖에서 배우는 윤리 공부
정은교 지음 | 292쪽 | 값 15,000원

▶ 살림터 참교육 문예 시리즈
영혼이 있는 삶을 가르치는 온 선생님을 만나다!

꽃보다 귀한 우리 아이는
조재도 지음 | 244쪽 | 값 12,000원

선생님이 먼저 때렸는데요
강병철 지음 | 248쪽 | 값 12,000원

성깔 있는 나무들
최은숙 지음 | 244쪽 | 값 12,000원

서울 여자, 시골 선생님 되다
조경선 지음 | 252쪽 | 값 12,000원

아이들에게 세상을 배웠네
명혜정 지음 | 240쪽 | 값 12,000원

행복한 창의 교육
최창의 지음 | 328쪽 | 값 15,000원

밥상에서 세상으로
김흥숙 지음 | 280쪽 | 값 13,000원

북유럽 교육 기행
정애경 외 14인 지음 | 288쪽 | 값 14,000원

▶ 남북이 하나 되는 두물머리 평화교육
분단 극복을 위한 치열한 배움과 실천을 만나다

10년 후 통일
정동영·지승호 지음 | 328쪽 | 값 15,000원

선생님, 통일이 뭐예요?
정경호 지음 | 252쪽 | 값 13,000원

분단시대의 통일교육
성래운 지음 | 428쪽 | 값 18,000원

김창환 교수의 DMZ 지리 이야기
김창환 지음 | 264쪽 | 값 15,000원

▶ 출간 예정

근간 **음악과 함께 떠나는 세계의 혁명 이야기**
조광환 지음

근간 **한글혁명**
김슬옹 지음

근간 **세계 교육개혁의 빛과 그림자**
프랭크 애덤슨 외 지음 | 심성보 외 옮김

근간 **서울 마을교육공동체 만들기**
박동국 외 지음

근간 **민·관·학 협치 시대를 여는
마을교육공동체 만들기**
김태정 지음

근간 **학교를 개선하는 교장**
마이클 풀란 지음 | 서동연·정효준 옮김

근간 **혁신학교 사전**
송순재 외 지음

근간 **민주시민을 위한 역사교육**
황현정 지음

근간 **미국의 진보주의 교육 운동사**
윌리엄 헤이스 지음 | 심성보 외 옮김

근간 **왜 학교인가**
마스켈라인 J. & 시몬 M. 지음 | 윤선인 옮김

근간 **경기의 기억을 걷다**
경기남부역사교사모임 지음

근간 **핀란드 교육의 기적은 어떻게 만들어지나**
Hannele Niemi 외 지음 | 장수명 외 옮김

근간 **함께 만들어가는 강명초 이야기**
이부영 외 지음

근간 **역사 교사로 산다는 것은**
신용균 지음

근간 **고쳐 쓴 갈래별 글쓰기 1**
(시·소설·수필·희곡 쓰기 문예 편)
박안수 지음(개정 증보판)

근간 **고쳐 쓴 갈래별 글쓰기 2**
(논술·논설문·자기소개서·자서전·독서비평·
설명문·보고서 쓰기 등 실용 고교용)
박안수 지음(개정 증보판)

근간 **민주주의와 교육**
Pilar Ocadiz, Pia Wong, Carlos Torres 지음 | 유성상 옮김

근간 **어린이와 시 읽기**
오인태 지음

참된 삶과 교육에 관한
생각 줍기